SE PARAR O SANGUE ESFRIA

CAITO MAIA

SE PARAR O SANGUE ESFRIA

COMO PAIXÃO, OUSADIA E DIVERSIDADE CONSTRUÍRAM A CHILLI BEANS

Gente
editora

Diretora
Rosely Boschini

Gerente Editorial Sênior
Rosângela de Araujo Pinheiro Barbosa

Editora Júnior
Carolina Forin

Assistente Editorial
Fernanda Costa

Produção Gráfica
Fábio Esteves

Pesquisa e Edição de Conteúdo
Joyce Moysés

Coordenação Chilli Beans
Sergio Auerbach

Preparação
Wélida Muniz

Conceito de Capa
José Caporrino

Foto de Capa
Gil Inoue

Direção de Arte
Murillo Yoshida

**Finalização de Capa,
Projeto Gráfico e Diagramação**
Gisele Baptista de Oliveira

Revisão
Fernanda Guerriero Antunes
Mariana Marcoantonio
Gleice Couto

Impressão
Gráfica Rettec

Dados Internacionais de Catalogação na Publicação (CIP)
Angélica Ilacqua CRB-8/7057

Maia, Caito
    Se parar o sangue esfria : como paixão, ousadia e
diversidade construíram a Chilli Beans / Caito Maia.
- São Paulo : Editora Gente, 2024.
    208 p.

ISBN 978-65-5544-415-5

1. Desenvolvimento profissional I. Título

23-5606   CDD 658.3

Índices para catálogo sistemático:
1. Desenvolvimento profissional

NOTA DA PUBLISHER

QUEM É EMPRESÁRIO SABE QUE A JORNADA DE ABRIR UM negócio traz uma energia patente, que aquece a alma. No entanto, criar um negócio que ferve o mercado é desafiador. São muitas as dúvidas, inseguranças, dificuldades e expectativas. E, hoje em dia, se não soubermos filtrar a enxurrada de informações que chega até nós pelas mais variadas fontes, corremos o risco de nos perder ainda mais em vez de encontrar a direção a seguir.

Para que isso não aconteça, precisamos beber da fonte de empresários confiáveis, que souberam fazer o seu negócio crescer com resultados visíveis dentro da cultura do nosso país. O sucesso e o crescimento da Chilli Beans são evidentes, e conhecer as estratégias da empresa brasileira que se tornou a maior rede do setor na América Latina é o desejo de muitos empresários, iniciantes ou não.

Com sua vitalidade, Caito Maia se tornou um líder excepcional, que consegue manter a empresa em ebulição o tempo todo, porém com muita leveza. Como ele nos ensina logo no início deste livro, a paixão deve ser o primeiro ingrediente de qualquer empreitada empreendedora. E este parece ser o seu grande segredo para conquistar a admiração não apenas de outros empreendedores, mas de seus funcionários também.

Em *Se Parar o Sangue Esfria*, Caito divide não apenas as suas estratégias de negócios para apimentar o mercado, mas as suas experiências e vivências enquanto empreendedor. Ele criou uma marca pautada em contar histórias, e tenho certeza de que, assim como seus clientes, você se tornará mais um fã da marca, do Caito e de sua trajetória. Eu me tornei.

Tive a honra de, a convite do Caito, embarcar no Chilli Mobi Cruise 2023, quando conheci melhor as pessoas que fazem o sucesso da Chilli Beans. O que presenciei ali foi único. Foi a primeira vez que vi uma equipe tão engajada e diversa. E isso só é possível porque Caito é um líder que, acima de tudo, tem um enorme respeito pelo ser humano.

A editora Joyce Moysés, que estava comigo nessa convenção corporativa em alto-mar, disse: "O Caito tem uma paixão pelo negócio que é contagiante e pratica diariamente o que diz nestas páginas. Disciplinado, carismático, curioso, autêntico, gente boa".

Ficou com mais vontade ainda de começar a ler este livro? Deixe-se contagiar por essa incrível experiência e transforme seus negócios!

Boa leitura!

Rosely Boschini
CEO e Publisher da Editora Gente

AGRADECIMENTOS

METADE DESTA HISTÓRIA FOI CONSTRUÍDA COM METODOLOGIA, a outra, com uma força divina, espiritual, energética, mística – muitas vezes inexplicável.

Obrigado, meu querido Deus; obrigado, meu anjo da guarda; e obrigado, todo o campo espiritual dos irmãos de luz que me ajudaram a construir essa família chamada Chilli Beans.

Obrigado, família! Agradeço à minha mãe, que está sempre dando suporte e me incentivando; ao meu pai e ao meu avô, que já se foram, mas que espiritualmente estão sempre presentes. À minha companheira, Denize, que me enche de energia positiva e de uma vibração incrível; aos meus filhos Luca, Benicio, Noah e Sofia – essa turma é o motivo e a razão pela qual me levanto da cama todo dia. Ao meu querido irmão, Guilherme, e minha cunhada, Luciana, que desde o começo me ajudaram a construir a Chilli Beans.

Toda a história da Chilli Beans foi construída pelo time. Por todos esses craques que estão comigo há mais de dez anos. Hoje, tenho tranquilidade e confiança de que construímos uma equipe absolutamente competente, dedicada e radical, com muita, mas muita pimenta correndo nas veias.

Quero agradecer ao Thiago, minha visão comercial e empreendedora. Ao Félix, meu anjo da guarda e desbravador de lojas pelo mundo. Ao Kleber, com sua precisão ao desenvolver coleções incríveis que nos levaram para a liderança. Ao Marcel, nossa cabeça criativa e inspiração genial para os produtos. Ao Fred, no controle com a sobriedade que o financeiro precisa. Ao Denis, com sua visão empreendedora do mundo dos números.

Não por último, nem menos importante, ao José Marcos Caporrino – uma mente genial e corajosa que caminha ao meu lado há trinta anos e que me ajudou a construir a marca Chilli Beans, sempre pensando fora da caixa para nos ajudar a nos posicionarmos no mercado como muita personalidade apimentada.

E também um agradecimento mais que especial ao Gustavo, arquiteto que coloca nossas ideias malucas na rua. Quero também agradecer ao meu time de logística, comandado pelo Tom, e a vários nomes que não estão mais conosco, como Donizete e Francisco.

Toda semana, essa equipe incrível lança uma coleção nova no Brasil inteiro e, cada vez mais, pelo mundo todo. Agradeço também a outro anjo da guarda chamado Thomas.

Gostaria ainda de agradecer aos nossos grandes heróis que estão na pista e na ponta: Riosney e seu time, Lisboa e toda galera que há anos bate as metas e contribuem para o nosso crescimento como empresa. Quero também agradecer ao time que faz parte dessa história, dando todo suporte para a gente brilhar: Cris, Marcio, Beto, Elizeu, Angélica, Kelly, Aline.

Quem não está mais com a gente também recebe meu muito obrigado especial, pois são parte importante da construção da jornada da marca: Evandro, Marinho, Vanessa, Ricardo Ribeiro e Bianca.

Um agradecimento especialíssimo aos meus queridos franqueados, que desde o início acreditaram na gente, enfrentando momentos bons e ruins. Juntos, construímos uma história de mais de 25 anos – apimentando o Brasil e agora o planeta.

E um agradecimento apimentadíssimo para o meu time das lojas. Obrigado, meus queridos guerreiros e guerreiras, minhas pimentas do coração. É graças a vocês que nós não vendemos óculos, mas, sim, contamos histórias; e isso é o que nos torna diferentes. É o que nos faz construir uma jornada única com a diversidade sendo sempre respeitada. Obrigado, meu vendedor, meu VR, meu gerente, meu supervisor, meu coordenador. Cada um de vocês representa uma célula que compõe esse corpo abusado, humano, corajoso – temperado com muita personalidade e muita pimenta – chamado Chilli Beans.

Um grandessíssimo obrigado à minha querida galera radical do showroom, nosso coração pulsante lá em Alphaville. Diariamente, nós nos olhamos, dividimos ideias e nos fortalecemos como equipe, sempre pensando em uma Chilli Beans melhor e mais forte.

Mando, finalmente, um agradecimento do fundo do meu coração a todos os nossos clientes, amigos e fãs da marca. Este livro é para cada um de vocês também. Leia, empreste e comente o que mais gostar. Valeu, Editora Gente, pelo suporte editorial e por nos ajudar a mostrar como nós, da família Chilli Beans, não deixamos o sangue do empreendedorismo esfriar jamais!

PREFÁCIO

COM VOCÊS, CAITO MAIA!

Um empreendedor reconhece outro de longe. A gente bate o olho e logo identifica aquela pimentinha extra no sangue. Foi o que senti quando conheci Caito: uma energia que transborda. Para mim, ele é um dos maiores empresários do Brasil, pois consegue unir uma paixão, uma loucura pela sua marca, a Chilli Beans, a estratégias de negócio muito bem definidas que resultam na sua gestão brilhante da empresa.

Caito é dono de uma criatividade imensa e de um coração fascinante. Eu me lembro de quando ele começou a participar do *Shark Tank Brasil*. Estávamos todos no camarim, era o primeiro dia de gravação da segunda temporada e havia um nervosismo no ar, até que ele entrou batendo palmas e dizendo: "Oi, gente! Eu sou o Caito Maia!". Na mesma hora, abriu um sorriso, quebrou o gelo e conquistou geral. Desde então, nos tornamos grandes amigos, e toda vez que nos encontramos, saio com um aprendizado novo. Tenho certeza de que você também vai enriquecer, e muito, a sua bagagem durante a leitura deste livro incrível, que ilustra essa energia em cada linha.

Nas páginas de *Se Parar o Sangue Esfria*, Caito divide generosamente um pouco da sua história cheia de curvas, aprendizados, erros e acertos, que nos fazem compreender o brilhantismo da sua mente e explicam o porquê do sucesso absoluto do seu negócio. Empreender é para os loucos, os apaixonados, os apimentados, como o Caito. Para os que conseguem equilibrar muitos pratos, agindo rápido toda vez que deixam algum cair.

Quem empreende sabe também que é preciso driblar as críticas, corrigir erros, desafiar o status quo. Cair e levantar muitas, mas muitas vezes. Estar atento à concorrência, ao que os outros fazem de bom e de ruim. Ser bem-informado, montar e gerenciar times. Pensar no produto, na venda, na última milha. É, caro leitor, o caminho é árduo e não tem truque de mágica. Aliás, a história do Caito nos mostra o quanto de dedicação, de envolvimento, de abdicação e de visão há em um empreendimento de sucesso, em uma estratégia vencedora.

Em tempos em que muitas pessoas acreditam que existem os "três passos" para ficar milionário, para se destacar em um mundo com oito bilhões de pessoas, a obra de Caito nos traz, de um jeito apaixonante, para a realidade e sublinha que podem até existir algumas fórmulas, mas todas contêm boas doses de coragem, de resiliência e de conhecimento.

É a coragem que o impulsiona, é a resiliência que não o deixa desistir e é o conhecimento que o coloca à frente, que lhe dá vantagem. Caito tem tudo isso, além de somar um carisma ímpar, uma atenção para o outro que só ele tem. Ele carrega no DNA a paixão extra que mantém o sangue quente e os olhos bem abertos para as oportunidades que se apresentam.

Se você está pensando em empreender ou quer dar um gás no seu negócio, este pode ser o incentivo que faltava para mudar o rumo da sua história, pois o livro é um presente para quem, assim como eu, gosta de aprender e de se inspirar em quem faz, em quem tem erros e acertos verdadeiros para compartilhar. Em quem gera resultados consistentes.

Tenho certeza de que você nunca mais vai olhar para as prateleiras da Chilli Beans da mesma forma; que cada óculos que experimentar terá um novo significado e ainda mais valor. Isso porque vai ficar claro o caminho que foi traçado para que chegassem até lá.

E nada melhor do que entender o processo dos outros para aprender e aprimorar os nossos.

Agora chega de spoiler! Apenas lembre-se, antes de começar a leitura, de que: quando o negócio estagnar ou parecer que não vai dar certo, sempre existirá uma solução. O importante é não parar para o seu sangue não esfriar!

Camila Farani

Empresária, investidora e colunista da *Forbes*, do *Estadão* e do *MIT Tech Review*, fundadora do Ela Vence, comunidade voltada para lideranças femininas, bicampeã do Startup Awards como melhor investidora-anjo, uma das 500 pessoas mais influentes da América Latina e empreendedora do ano de 2022 pela *Isto É Dinheiro*, na categoria de inclusão social.

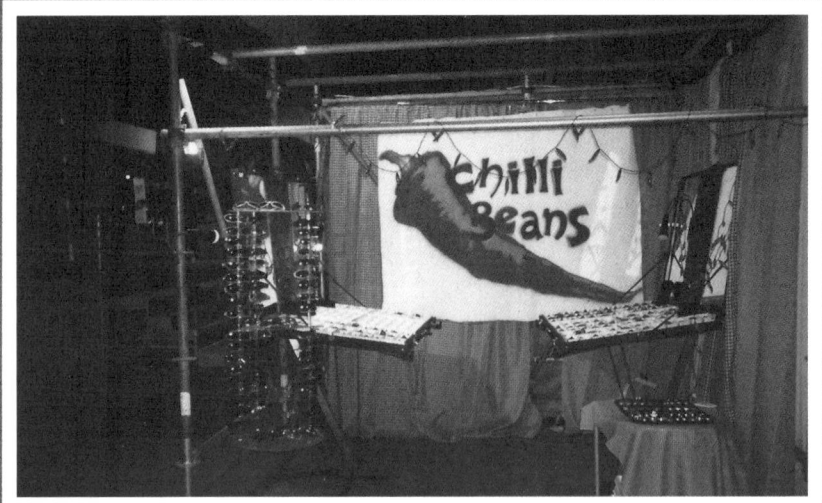

▲ Estande Chilli Beans no Mercado Mundo Mix – 1997.

▲ Primeiro quiosque Chilli Beans no Shopping Villa-Lobos, em SP – 1998.

É ESSE O CAMINHO

FRIO NA BARRIGA, SANGUE FERVENDO, PIMENTA NA VEIA: O empreendedor de resultado fortalece o time, coloca foco e energia no negócio e faz acontecer. Essa é uma grande mensagem que quero passar para você. Ela reúne muito do que vamos conversar aqui.

Prometo dividir com você um pouco do que deu certo para mim em quase trinta anos de estrada empreendedora: a experiência prática e a verdade, a conexão genuína da marca com as pessoas, o planejamento que vai para a vida real, as histórias e a diversidade de visões de mundo, de tudo. E, claro, não pode faltar aquela energia de tentar por aqui, por ali, por aqui de novo... até que a gente diz: "Achei, é esse o caminho".

Frio na barriga é a coragem de que todo empreendedor precisa para dar um tranco nos primeiros anos e fazer a sua ideia, o seu sonho decolar. Depois, a coisa vai fluir do jeito que você quer, na direção que der e como tem de ser aos olhos do seu consumidor. Ligando-se à necessidade de fazer o seu negócio voar alto e longe, com a sua *galera* junto. Estou falando de clientes, parceiros, colaboradores, família e de quem mais virar fã do seu produto, conceito, propósito. Porque, no "fim do dia", quem faz o negócio são as pessoas.

Entretanto, se nesse momento da sua vida você estiver fazendo algo sem tesão, agora é a hora de se questionar. Se não sente mais frio na barriga, é porque o seu amor não está mais ali, e você tem que achar um novo caminho ou reencontrar-se naquilo que faz. Urgentemente. Não espere alguém lhe dizer como deve ser. Deixar o seu sangue esfriar pode ser muito perigoso para o negócio. Paixão tem que ser sempre o primeiro ingrediente de qualquer empreitada empreendedora, de qualquer negócio. É pimenta na veia que vai até o bolso e que também faz pulsar o corpo todo. O amor é o que move você.

Querer saber se *"É melhor por aqui ou por ali?"*, *"Vamos nessa ou naquela outra ideia?"*, tudo isso faz parte do jogo. É o que dá o frio na barriga que todo empreendedor bem-sucedido continua sentindo, porque ele toma decisões assim o tempo todo. Esse incômodo é positivo para alimentar o seu amor pela marca, e de uma maneira contagiante.

Tudo que vou dividir aqui são práticas que foram executadas, bem ou mal, dentro da minha empresa. Além de possibilidades e reflexões que não são só minhas, mas que foram discutidas com o time e que agregaram demais, e seguem agregando, em inovação (necessidade que não se resume a tecnologia, e vou argumentar adiante por quê). Não faltarão inspirações para você aplicar no seu negócio e na sua vida, inspirações que ajudarão a clarear seu caminho de maneira simples, amorosa e autêntica. Porque eu sou assim. Não sei romantizar.

Errei e acertei, e quero compartilhar com você – sobretudo – essas histórias que me acompanham até hoje. Nos dez primeiros anos da minha vida adulta, bati cabeça muitas vezes, até que achei o caminho. O que eu tinha antes de empreender era a música. Fui estudar nos Estados Unidos, voltei, toquei e tive bandas que não decolaram. Não me tornei um músico frustrado. Onde estou hoje é onde quero estar. Sou bem-resolvido com a trajetória que escolhi e com o negócio que venho construindo desde quando comecei a trazer óculos na mala, para ajudar nos custos das viagens, e vender aos amigos.

Quem é o Caito Maia hoje? De maneira simples e objetiva, sou o fundador da Chilli Beans, a maior marca de óculos escuros da América Latina. Comecei em São Paulo, em 1997, num estande no Mercado Mundo Mix, evento itinerante que marcou época na cena fashionista e underground brasileira e que revelou muitos nomes da moda que estão fazendo sucesso até hoje. Meus óculos de sol focados nas tendências de moda se

ACESSE O QR CODE E SAIBA MAIS SOBRE A HISTÓRIA DA CHILLI BEANS.

transformaram em referência de consumo e comportamento jovem no país – e a expansão da marca pelo mundo afora também vai muito bem, obrigado.

Fomos a primeira empresa em várias coisas, inovar está em nosso DNA. E nos tornamos líderes no mercado brasileiro, o único lugar no mundo em que a Ray-Ban está na vice-liderança. Iniciamos o ano de 2023 comemorando que a marca ocupa quase 20% de participação de mercado, com 1,3 mil lojas – entre "vermelhas" (foco em óculos solar) e óticas (óculos de grau) – e 1 bilhão de reais de faturamento.

A marca virou caso de estudo para estudantes da Universidade Harvard, em 2016. Até hoje, recebemos anualmente uma turma de lá na nossa sede. Em vários anos, foi eleita a melhor franquia do ano e destaque de internacionalização. É pioneira no conceito de ótica self-service, permitindo que as pessoas toquem e experimentem os produtos à vontade, sem restrições, além de várias outras invenções. Mas o que mais gosto de dizer é que conheço pelo menos 80% das lojas que abrimos; e que a Chilli Beans é a minha vida – e não é perfeita. Ela é a minha cara: diversa, irreverente, inovadora, apaixonante, mutante, rock and roll. Uma marca em constante movimento.

Quem empreende não é Super-Homem nem Mulher-Maravilha. Falha, tem suas inseguranças e preocupações. E a equipe que está no mesmo barco tem tudo isso também. Assumir a própria vulnerabilidade é o primeiro passo para a gente começar a evoluir. Por isso, proponho irmos na contramão da ilusão do empreendedorismo de palco e fazermos negócios na vida real, a partir destes eixos fundamentais para ter resultado (e sustentá-lo):

1. Pessoas.
2. Marca.
3. Histórias.
4. Mutante.
5. Verdade.

Escolhi esses cinco eixos, e não outros, porque são bem relevantes, apaixonantes e fazem total sentido na evolução da Chilli Beans. Tenho certeza de que eles vão conferir diferenciais à gestão e à cultura que você quer implantar com sua equipe, independentemente de vender óculos, arroz ou prestação de serviços. Vou dedicar um capítulo para cada eixo, pelo potencial de multiplicar suas chances de também poder contar histórias encantadoras sobre seu negócio.

Não que eu queira montar uma fórmula de sucesso, longe disso – até porque eu não tenho. O que me motiva é inspirar você a entrar de cabeça na jornada apaixonante e desafiadora do empreendedorismo.

A PIMENTA E O ADUBO NECESSÁRIOS

Então não espere de mim uma receita pronta e fácil, uma que elimine os riscos. A maioria das empresas chega aonde está porque se dá a liberdade de errar e acertar, de testar e mudar, de ouvir o que não está bom, de inventar e arrumar, preparada para levar prêmio ou pancada.

Quantas ideias incríveis param de receber a pimenta necessária e são esquecidas? Quanta gente boa é mal aproveitada, cheia de capacidade de crescer, bastando que você dividisse sua energia com elas? Quantas empresas ainda estariam de pé se fossem mais resilientes, se estivessem dispostas a aprender como ultrapassar as grandes montanhas?

O medo de errar é tão perigoso quanto a pressão por acertar na primeira tentativa. Ambos podem levar você a não ver as coisas como elas são.

Gosto de citar como exemplo a história do Senna. Ele morreu num carro que era horrível, cheio de defeitos de projeto. Antes disso, esse mesmo carro ganhava tudo – por isso o Senna foi correr lá na Williams. Após o acidente fatal, esse mesmo carro foi trabalhado e aperfeiçoado, e virou campeão novamente. Da tragédia com nosso ídolo e do caos na equipe, nasceu um carro e um time vencedores.

Há muito empreendedor que se esforça, mas não tem resultado. Isso acontece por ele estar valorizando e fortalecendo mais a si mesmo do que a seu produto, sua marca, seu time e a vontade do seu cliente. Bom mesmo é provocar mudanças de comportamento da sociedade. Você pode chamar do jeito que quiser: empresa, startup, barraca, tenda… Todas são organismos vivos, como plantas. Precisam ser adubadas para crescerem.

Espero trazer para este livro esse adubo, o mesmo que uso e faz da Chilli Beans não apenas uma empresa, mas uma grande comunidade. É um coletivo, uma cooperativa; trabalhamos com uma pluralidade de pontos de vista que nos motiva demais! Sozinho, a gente não faz nada de importante e contínuo. Acredito tanto nisso que trarei, em várias páginas, depoimentos e visões de pessoas que toparam embarcar comigo nessa apimentada viagem empreendedora.

É por elas também que venho alcançando patamares inimagináveis. E não me canso de dizer: o sucesso de uma marca é o sucesso de um time inteiro.

É improvável que um empreendedor raiz, como eu, faça enorme sucesso e fique rico em seis meses. Existe um processo de evolução semelhante ao que os cientistas fazem em laboratório. Durante alguns testes, quando tudo parece ir bem, uma explosão manda tudo pelos ares. Faz parte. Eles se debruçam sobre o que deu errado. Vão aprimorando. Até que descobrem algo novo e

> **O MEDO DE ERRAR É TÃO PERIGOSO QUANTO A PRESSÃO POR ACERTAR NA PRIMEIRA TENTATIVA. AMBOS PODEM LEVAR VOCÊ A NÃO VER AS COISAS COMO ELAS SÃO.**

transformador. Imagine se, ao pesquisar vacinas ou novos medicamentos, os cientistas no laboratório desistissem logo na primeira falha?

Com o empreendedorismo também é assim.

Agora, quem está mais à frente nessa estrada lança mão de alguns segredos. Adianto dois que vamos aprofundar nas próximas páginas: disciplina e humildade. Ambas dosadas de uma maneira equilibrada para sentir o pulso do consumidor e adequar a sua oferta, e também para facilitar que se adapte a todo e qualquer cenário de mercado. Qual a *sua* dosagem ideal? Isso você só descobre com a prática.

Para você ter uma noção, em três anos de lançamento da Ótica Chilli Beans, as lojas já ficaram completamente diferentes. Foram evoluindo. Até o uniforme mudou. Ser mutante, lembra?

Lindão ou lindona, fique à vontade para pegar de cada página o que servir ao seu propósito, e então vá para o campo lidar com as situações práticas. Por mais que você se prepare, a vida real é que constrói. O mundo foi sacudido e muitos caminhos novos vão surgir. Temos que estar atentos para aproveitá-los.

Ninguém aprende a nadar ou dirigir usando manuais. Base teórica é fundamental, mas entrar no jogo, pular na água, pegar a estrada ao volante é o que vai fazer você aprender de verdade.

Eu sou Antonio Caito Maia Gomes Pereira, mas adoro que me chame de Caito.[1] Vamos trocar muitas ideias e falar de empreendedorismo na veia, com mão na massa e sucesso à vista! E fique de olho nos QR Codes que encontrar ao longo dos capítulos. Têm conteúdo extra para você.

[1] A explicação de como surgiu o nome e sobrenome Caito Maia é uma das muitas curiosidades que divido em outro livro, um que escrevi junto com o jornalista e professor Rodolfo Araújo: *E se colocar pimenta? A história da marca mais quente do Brasil. Sem cortes*, lançado em 2012 pela Alta Books.

CAPÍTULO 1

MUITA TEORIA PARA UM DEDINHO DE PRÁTICA

© Marcelo Rossi

© MROS

▲ Superdose Chilli Beans 2015.

A TEORIA QUE EU TENHO É A SEGUINTE: HÁ UM EXCESSO DE informação, tanto no mundo on-line quanto no físico, que dificulta que as pessoas absorvam tantas das coisas que acontecem ao mesmo tempo. Na minha opinião, é excesso mesmo, já que hoje a gente consegue saber *tudo* o que quiser. Com tanta informação espalhada por aí, periga você ficar perdido, sem saber o que, de fato, vai agregar na sua jornada.

A oferta de informação é muito maior do que a nossa capacidade mental de filtro. Os empreendedores de palco gostam disso e se apresentam para ajudar.

Horas e horas de gráficos, tabelas, comparações, conceitos, teorias, fórmulas... mas o que vai funcionar para você? Qual serve para a sua realidade?

O dia a dia do empreendedor para conquistar clientes e mercado ensina tanto quanto qualquer curso ou MBA. Estudar é ótimo, mas munir-se de tantos *"vai por aqui"*, *"não, vai por ali"*, *"apaga tudo, agora é..."* sem experimentar no seu modelo de negócio, com seu público, terá grande valia? Acho que a palavra-chave aqui é equilíbrio. Ao emparelhar teoria e prática, aí sim você aponta seu

> **SEU MEDO DE ERRAR NÃO PODE NUNCA SER MAIOR QUE SUA VONTADE DE ACERTAR.**

barco para a direção desejada, acha seu norte, seu rumo para o destino imaginado.

Não sou contra adquirir conhecimento, e tem muita coisa boa no mercado, mas vá atrás de algo que não vai fazer o seu sangue esfriar. Sou totalmente a favor de você ir o mais rápido possível para a vida e descobrir o que dá certo ou errado no seu caso. Ir mais pela sua cabeça e a da sua equipe, que tem o pulso do seu consumidor.

Prefiro sempre partilhar o que funcionou para mim e também o que *deu ruim*, para que você faça suas escolhas, testando tudo na sua realidade. Igual a um cientista, testar, testar e testar mais um pouco... Só assim você saberá o que funciona.

O que eu garanto é que o empreendedorismo não pode esperar. Nosso país está cheio de oportunidades, e ele avança quando a energia dos brasileiros está lá em cima. Eu vi passarem uns sete presidentes da República, e nenhum me ajudou. Fiz o que eu queria fazer, com positividade, sem nunca esperar ajuda de ninguém.

Escolho meu caminho, acredito, aceito desafios, cuidando apenas para não me autoenganar. Prefiro olhar para o meu negócio, para as pessoas que estão comigo e para as oportunidades que surgem do que para previsões da economia. Isso não é cegueira, não. É apenas achar que, independentemente do cenário, nós podemos evoluir e encontrar caminhos diferentes para melhorar o nosso *business*.

O empreendedorismo tem de ser vivido, sentido no dia a dia. Ele só vinga com a prática, com você indo para o jogo, errando, acertando e fazendo acontecer. É assim com a música, com a arte, com a educação, com a ciência e com tudo mais que precisa estar em movimento. Tanta informação tende a confundir a cabeça das pessoas, tira o foco.

Conselho do amigo Caito: abra a sua porteira de informação. Depois, afunile em algo e ponha aí a sua energia, delete o restante e foque o seu objetivo.

Invisto em algumas boas ideias de negócio e sou convidado para várias outras, e muitas vezes tenho que ficar cutucando os *caras* para que eles rompam esse ciclo de só encavalar um curso em cima de outro enquanto adiam decidir o que testar. Alegam que precisam saber mais e alternam sua forma de pensar conforme o que escutam. Se o único jeito de descobrir se vão acertar ou errar é com a prática, quando se arriscarão?

Sabemos que tudo em excesso na vida faz mal, até tomar água e comer. Com informação não é diferente.

VOCÊ ACREDITOU QUE O PRESENCIAL MORRERIA?

Uma das dúvidas frequentes é sobre o negócio ser digital ou físico, e como fazer a transição. Mas ela não deveria existir, porque quando você vai para a prática isso tudo é desmembrado, desvendado, clareado. O pensamento dos que anestesiam diante das dúvidas é: "*Ah, nós queremos garantias...*". Desculpe acabar com a sua ilusão, mas, se na planilha o risco é zero, o resultado vai ser zero também.

A minha experiência mostra que loja física precisa de loja on-line, e vice-versa. Elas se ajudam, fortalecem as vendas, se complementam para atender o cliente cada vez melhor. Se eu ouço de um empreendedor que ele só quer ter loja on-line, respondo que "*tenho minhas dúvidas*" sobre a limitação que gera na experiência do consumidor.

Basta ver a quantidade de empresas que, nativas do digital, começam a abrir pontos reais, espaços físicos, para dar ao consumidor uma experiência que um site ou app nunca oferecerá. Entre elas, Zee.Dog e Petlove, Amaro, Wine, Mobly – até Amazon e Mercado

Livre já começam a operar pontos físicos. Anota aí: as pessoas querem *o melhor* desses dois mundos.

Só para contextualizar, o relatório global *Shopper Story 2022*,[2] da plataforma Criteo, analisou os hábitos dos consumidores nos últimos três anos e mostrou que 72% vão até a loja física antes de comprar on-line, para experimentar o produto desejado; e 48% visitam para verificar as novidades e tendências.

Lógico que o e-commerce atingiu níveis de crescimento altíssimos, mas a prática contradiz as teorias tecnológicas que desprezam essa relação do toque, da energia física, do relacionamento com vendedores. O que eu defendo é o equilíbrio. O que vivo na prática, e está dando muito certo, é a mistura dos dois: o omnichannel, físico e on-line juntos para melhorar a experiência do comprador.

"Mas, Caito, eu estou há dez anos vendendo on-line." Tudo bem. Não é para botar em risco todo o seu negócio. O que estou dizendo é que está mais do que na hora de você testar outros canais, para crescer. Não sei como essa complementariedade com o mundo físico vai funcionar no seu caso; a resposta virá da prática.

Também não estou dizendo "abra uma loja". Há outras mil opções. Criatividade, lembra? Já fez ativação, patrocínio, feiras, eventos? Tem um mundo de opções para você sair do digital e encontrar seu cliente *na vida real*, sem necessariamente abrir um ponto de venda (PDV), sacou?

ÀS VEZES, FALTA CORAGEM

Nas palestras e mentorias que faço Brasil afora, gosto de abrir para perguntas. Chamo essa parte de Pinga Fogo. É interessantíssimo perceber que metade das perguntas que as pessoas fazem já traz embutida a resposta. Eu alerto *"Meu, você tem a resposta. Faz"*. Vejo que ele cutuca o sócio ou a sócia, ao lado, como se dissesse: *"Tá bom, vamos fazer"*.

2 DE BLASI, B. G. "Só estou dando uma olhada": 72% vão em loja física antes de comprar online. **Tecnoblog**, 16 mar. 2022. Disponível em: https://tecnoblog.net/noticias/2022/03/16/so-estou-dando-uma-olhada-72-vao-em-loja-fisica-antes-de-comprar-online. Acesso em: 16 abr. 2023.

Eu tento ajudar estimulando que as pessoas acreditem nelas mesmas. Se a ideia não funcionar tão bem, acabou o mundo? Não, e está tudo bem. Sempre falo: erre, mas erre rápido e barato. E arrume o erro rápido. E *bola pra frente*.

Não tem como ser diferente. É como aprender a andar de bicicleta: depois que desequilibra um pouco, rala o joelho, pega o jeito. Se muitas pessoas já têm a resposta na própria explicação, o que falta é apenas a coragem de fazer. Nessas horas, o melhor que se pode fazer é um teste. Ele amplia a sua visão e traz oportunidades. Já fiz milhões de testes e, claro, vários não deram o resultado esperado de primeira. Foram necessários ajustes para agradar o cliente.

Poder contar com uma base sólida de conhecimento, até mesmo com quem tem mais bagagem, faz toda a diferença, mas não se esqueça de que o capitão do navio é você. Quem define a rota do negócio é o empreendedor. Seu medo de errar não pode nunca ser maior que sua vontade de acertar.

Foi assim que construí a minha vida: acertando e errando. Precisei de testes e experiências para enxergar o caminho, aprimorar e avançar. Exemplo real e fresco: o nosso smartwatch começou de tamanho maior, depois ficou pequeno, aí quadrado, depois redondo... fomos ajustando conforme feedback dos consumidores e vendedores, escutando todo mundo. Hoje temos um produto melhor, que performa melhor, atrai mais gente. Levamos um ano no processo de testes e aprimoramento.

Importante: nosso smartwatch continua evoluindo, como tudo que fazemos. O lema é "vai pro jogo, não fica esperando". Por mais que você faça testes, a vida real sobrepõe. Foi ela que me fez chegar a meus produtos atuais, aos meus formatos de loja, à minha equipe f@da e tudo mais.

Se você comanda um negócio sólido, que está vivo no seu mercado, tem a obrigação de mexer, senão ele vai morrer. Regar essa planta, hidratar, vitaminar, oxigenar.

Não estou dizendo para fazer loucuras financeiras, mas, sim, para sair da caixinha. Quantas marcas queridas deixaram de se oxigenar ao longo dos anos, e, *catapluft*, sumiram? E tudo por ignorarem a máxima de que o consumidor muda. E aí, se você não mudar também...

> **ESTE É O PERIGO: ESPERAR QUE OS OUTROS TRAGAM A SOLUÇÃO, SENDO QUE ELA ESTÁ EM VOCÊ. É VOCÊ QUEM VAI FAZER A COISA ACONTECER.**

Às vezes, fico com vontade de investir em alguns negócios que são bons, que têm potencial, embora não estejam crescendo, mas não tenho tempo porque a Chilli Beans é o meu foco. Este é o perigo: esperar que os outros tragam a solução, sendo que ela está em você. É você quem vai fazer a coisa acontecer. Não vou fazer milagre nenhum. Quem vai fazer é você.

Enquanto você não usar as informações disponíveis em seu favor, sabendo que tem decisões indelegáveis a tomar, e não estiver próximo das pessoas, poderá acumular desânimo e frustrações por não estar crescendo e atrasar ainda mais o seu progresso.

Enquanto não virar essa chave, deixará que o sentimento de isolamento tome conta do seu dia. Antes que a única maneira de se sentir visto e um pouco mais animado seja acompanhar nas redes a realidade que você gostaria que fosse sua, entenda que precisa fazer escolhas, e botar energia em algo prático para finalmente conseguir sair do lugar. É assim que eu penso.

ESCOLHER FAZER AQUILO QUE AMA OU O AMOR VEM DEPOIS?

Quer saber de um questionamento que eu considero interessante? Tenho amigos empreendedores que acreditam que o primeiro passo é achar algo que você ama para, a partir disso, fazer acontecer. É o que eu defendo também. Outros possuem uma visão bem diferente: a de que o amor vem depois. Tenho amigos que pensam que a necessidade financeira vem na frente, e você se apaixona por aquilo na sequência.

As duas visões são boas e podem ser colocadas em prática, pois dão um norte a quem está querendo encontrar o caminho. O que não dá é para ficar atirando aleatoriamente pelo resto da vida. Ponha foco e energia em algo que vai transformar a sua vida – e a de uma *galera* que quer o mesmo junto com você.

Faz parte do processo de evolução do ser humano dar alguns tiros até acertar no alvo. É normal. Nós temos de dar essa tranquilidade a quem está começando a empreender. Mas tem um momento em que você precisa decidir em que vai colocar a sua energia. E é melhor que seja naquilo que faz brilhar os seus olhos.

Eu fiz escolhas. Brinco que tive um passado esquisito. Fui vocalista e guitarrista da banda de rock Las Ticas Tienen Fuego, indicada ao VMB (Video Music Brasil), em 1996. Não levamos. Batemos na trave, como acontece com muitos negócios e ideias. Por ter morado oito anos nos Estados Unidos para estudar música, frequentava as praias da Califórnia e percebia que as pessoas usavam óculos não só para se proteger do sol, mas também como acessório de moda. Resolvi comprar duzentos de um camelô, coloquei na bolsa e trouxe para o Brasil.

Investi uma grana que não tinha e arrisquei perder tudo na alfândega, mas vendi, lucrei, trouxe mais, vendi, lucrei. Percebi, na vida real, que tinha todo um mercado aí, uma oportunidade de satisfazer o consumidor. E tive a ideia de bater na porta das empresas. A Forum, marca icônica dos anos 1990, me fez um pedido de 18 mil óculos, e pagou adiantado.

Abri uma importadora, a Blue Velvet, nome inspirado no famoso filme de David Lynch, de quem sou fã. Cheguei a ter 250 clientes de atacado. Só que dois deles não me pagaram, e, em 1996, eu quebrei depois de dois anos. Esse foi um dos momentos-chave da minha vida. Podia ter desistido de tudo ali, mas já estava apaixonado pelas duas coisas: os óculos e o empreendedorismo. Foi quando decidi aprender a empreender de verdade. Uma das grandes lições: há o momento de liberdade, em que a gente pode e deve experimentar várias coisas, e há outro, o de decisão. Entre muitas decisões, eu tomei a de me apaixonar pela Chilli Beans, e deu certo.

No próximo capítulo, vamos aprofundar pontos que, na minha humilde visão e experiência atual de gestão, merecem ser desbloqueados. Para que você aperte o botão de "selecionar" como vai crescer.

CAPÍTULO 2

SE SEUS OLHOS E OUVIDOS ESTÃO FECHADOS, COMECE A ABRI-LOS

▲ Caito na China – 2009.

▲ Caito conhece fornecedores na China – 2009.

QUANDO VOCÊ VAI AO SHOPPING E VÊ AQUELES CORREDORES lotados de quiosques vendendo de tudo, saiba que foi a gente que inventou essa moda no Brasil. Essa história começou no ano 2000, quando recebi o convite para estar num shopping paulistano, o Villa-Lobos. Só que eu não tinha dinheiro para montar uma loja de tamanho normal. Pedi ao meu arquiteto, meu amigo até hoje, que se inspirasse nos quiosques que vendiam pão de queijo, café e afins para criar um com a nossa cara. E ainda ressaltei: "Deixa tudo destrancado".

A proposta de posicionar a marca no meio do corredor era inusitada, gerou desconfiança. Ainda mais porque havia a novidade de deixar os óculos acessíveis às pessoas, para que pudessem manusear, escolher os modelos, experimentar à vontade. Mesmo com todos achando tudo isso uma "loucura", naquele sábado chuvoso de inauguração, vendemos todo o estoque em doze horas. Foi ali o grande pulo do gato.

Em três meses, com mais quiosques em outros shopping centers de São Paulo, passei a receber vários pedidos de franquia. As primeiras surgiram no ano seguinte; e aí o negócio começou a acontecer, a explodir. Em 2002, a gente abriu a primeira loja em São Paulo, no Shopping

Ibirapuera, com o mesmo conceito de self-service óptico dos quiosques, algo que mantemos até hoje: o cliente entra e pega o que quiser para provar no rosto, escolhe as armações e até customiza os óculos – sempre atendido por uma *galera* que fala a mesma língua dele.

Ainda vemos lojas de óculos e óticas parecendo mais farmácias do que estabelecimentos que vendem moda e estilo, colocando vidros até o teto e separando os produtos dos consumidores – com vendedores, que muitas vezes estão de avental, emanando uma consulta de saúde. A Chilli mudou esse cenário lá atrás e por isso é diferente das outras marcas.

A prática nos mostrou que os casos de furto são raros (menos de 1%) e que as vendas triplicam quando o cliente tem a experiência de manusear os produtos e a liberdade de escolher quais provar. Além de várias sutilezas, como o chão numa cor não tão diferente do piso do shopping, pois favorecia trazer o consumidor para dentro do nosso espaço.

E tem mais: lançamos coleções novas a cada semana. Em média, são dez modelos de óculos, cinco de relógio e cinco de armações de grau, ou seja, cerca de mil produtos diferentes a cada ano. Então, quando digo que a gente vive muito a prática sem deixar "o sangue esfriar", não é retórica. Por isso mesmo, quando veio a pandemia de Covid-19, bateu o desespero ("Com todas as lojas fechadas, a gente vai perder tudo, vai falir").

Começamos a dar tiro para todos os lados, naquele difícil março/abril de 2020. Até que selecionamos duas ações nas quais botar a nossa energia, e esquecemos as outras trinta que bolamos. O que aconteceu? Concretizamos essas duas com maestria, e saímos da crise sanitária e econômica ainda maiores.

Em toda crise há oportunidades, e temos a oportunidade de sair mais fortes de todas elas: como pessoas, como sociedade e como gestores de negócios. Aprendizado da vida real, tocando o barco no meio da tempestade.

Mas sabemos de empresas, de todos os tamanhos, que ainda hoje estão dando tiro para todos os lados, sem concretizar uma mudança significativa, sem ter um avanço no resultado.

Elas seguem patinando ("Agora é isso", "Amanhã é aquilo"), enquanto as pessoas e os valores à sua volta estão mudando rápido demais! Os consumidores identificam se a mensagem que você quer passar é genuína ou se é uma confusão só. Sempre foi assim, mas agora está mais radical. Aquilo que se diz, vende e faz não pode ser artificial, retrógrado nem contraditório.

Para quem está à frente de um negócio assim e não sabe direito o que faz de errado para não conseguir virar a chave, vou dividir alguns assuntos que poderão aumentar o seu campo de visão. Com tantas informações ao mesmo tempo, mais do que nunca a gente precisa ser objetivo com o que aprende e filtrar com inteligência essa realidade expositiva que pressiona todo mundo a ficar mostrando o que faz – mas só a parte bonita.

O que está dificultando uma inversão de jogo para a tática de "menos teoria e *muita* prática", tão necessária hoje em dia para o empreendedor de resultado, pode estar a seguir.

DAS ESCOLAS TRADICIONAIS ÀS DE SAMBA, UMA REFLEXÃO

Um assunto que me preocupa bastante é a educação formal brasileira. Muito teórica, individualista e competitiva; também padronizadora e retrógrada. É assim que eu estou vendo o setor que prepara as pessoas para o mercado de trabalho. Salvo exceções, não fomenta a busca pelo diferente e disruptivo, que é justamente o que os alunos precisam fazer quando chegam às empresas, próprias ou não. Muita sala de aula, muito PowerPoint e pouca mão na massa.

E até que ponto as faculdades estão desenvolvendo competências que se conectam com as necessidades do mundo empresarial e da sociedade atual, como o espírito cooperativo? Afinal, ninguém faz nada sozinho. É o time. Dependendo de onde você estudar, se for em uma faculdade de ponta, o que não faltará ali é tecnologia. Mas explorada de uma maneira arrastada em relação à agilidade da vida real.

São quatro, cinco anos de graduação cumprindo horários, sendo medido por notas, respondendo à chamada... e muita gente pega o diploma acreditando que não teve conteúdo prático. Valeu só para o currículo. Será que as pessoas querem ficar por anos na mesma classe, com os mesmos colegas, adquirindo os mesmos conhecimentos básicos? E qual o sentido de só depois fazerem especializações e terem mais trocas de experiências profissionais nos MBAs da vida?

Enquanto isso, não param de surgir novidades que a gente quer (e precisa) saber, algo em que não tinha pensado, mas que pretende colocar em prática agora, já! É fatal ter dúvidas como esta: "Por que vou passar anos em uma sala de aula se posso fazer cursos mais curtos e focados naquilo que preciso para avançar hoje?". Neste exato momento, estamos passando por isso com a explosão da inteligência artificial (IA). Quantos cursos ou professores estão preparados para entender e repassar o que acontece em tempo real, sendo que novidades surgem praticamente todos os dias? Isso deixa uma lacuna para os coaches da internet e os empreendedores de palco preencherem.

E também há os projetos práticos. Em três horas de mentoria de marca comigo, talvez o pessoal aprenda o que não ouviu nos anos de faculdade de Marketing ou Administração, estratégias que podem aplicar no negócio na segunda-feira mesmo. Como eu disse, conversamos sobre perrengues comuns por que passamos (com estoque, por exemplo) e como os resolvemos. Não porque sou melhor ou sei mais, mas, sim, porque vivi diversas situações que os empreendedores certamente viverão também.

Sabe o que o ensino acadêmico e as escolas de samba têm em comum? Acredito que ambos precisam evoluir. Com todo o respeito, não vejo as gerações atuais ficando sentadas vendo um desfile atrás do outro pela TV.

Fazendo um paralelo com os esportes nos Estados Unidos, basquete e futebol americano evoluíram na experiência de entretenimento. Eu não gosto de futebol americano, mas posso ser atraído pelo grande show do intervalo, ao vivo, transmitido para o mundo inteiro. O patrocinador pagará uma fortuna, porque terá uma audiência gigantesca.

O conceito tem de ser mutante. Isso é vida real. Pode começar por uma teoria, uma filosofia, uma equação, desde que você passe para um plano de ação e execute alguma transformação. Está esperando o quê? Alguém te dar um empurrão para você cair lá na frente e fazer? Essa evolução como *business*, não importando o setor e o tamanho, é o que faz o empreendedor ganhar ou perder, e os que perdem são aqueles que não se expõem ao risco até acertarem.

Eu, como empreendedor, acho interessante pegar o conceito do Carnaval, a sua essência, e rejuvenescer. Ir fomentando a ideia de que virão mudanças e gerando curiosidade. Os blocos de rua estão passando por esse processo. Cada vez mais arrastando multidões, muitas vezes debaixo de chuvas torrenciais, com diversas propostas musicais e motes sociais. Isso nos leva a pensar que essas pessoas não desejam mais apenas assistir (e ficar na arquibancada). Elas querem participar; por isso, a explosão dos blocos: democráticos, acessíveis, inclusivos.

É uma demonstração perfeita do conceito mutante: cada bloco reúne pessoas que se identificam com aquele som, aqueles artistas, aquele horário e trajeto, e elas ficam se divertindo pelo tempo que desejam. Querem ir embora? Tchau, obrigado, até o ano que vem. Esse exemplo do Carnaval é replicável para vários setores e negócios.

O CONCEITO TEM DE SER MUTANTE. ISSO É VIDA REAL.

SÃO MUITOS SETORES PRECISANDO DE EVOLUÇÃO

Primeiro, quero salientar que sou um otimista incorrigível, acredito que sempre existem boas oportunidades no mercado. Isso me faz querer chamar a atenção das pessoas – especialmente da geração jovem, que olha muito para as startups de tecnologia – para um monte de setores convencionais, gigantescos, biliardários que estão arcaicos, caídos. Meu objetivo é, de novo, ampliar o campo de visão.

Nem sempre dá para começar algo novo, criar uma empresa 100% disruptiva. Não nasce um novo Uber ou Google o tempo todo. Mas dá, sim, como venho fazendo desde 1997, para renovar um setor que parou no tempo. Um exemplo disso é o sistema de entrega de diversos produtos e serviços: faz tempo que esse setor pede mudanças.

Sem exagero, 80% dos alimentos que compro todas as semanas ou quinzenas são os mesmos: leite vegano, suco de uva integral, tofu, queijo vegano, banana, goiaba… Mesmo com essa fama de maluco, sou bem natureba, gosto de me alimentar de modo leve e saudável. Meus fornecedores poderiam poupar meu trabalho se antecipando aos meus pedidos e me entregando tudo isso em uma caixa criativa, junto com sugestões personalizadas de mais produtos que eu poderia gostar de provar, e por um preço que me coloque como cliente especial.

Talvez você me diga que uma ou outra marca de supermercado já faz isso, que um ou outro aplicativo também. E os milhões de outros negócios de alimentos que não fazem, estão esperando o quê? Não adianta só uma sementinha. Trata-se de uma evolução do consumo, para gerar a tão sonhada recorrência a partir de um estudo do perfil de cada cliente. Isso agrega valor.

A venda de comida talvez seja um dos negócios mais antigos da humanidade. Começou quando passamos a viver em agrupamentos, com as primeiras cidades. Milhares de anos depois, ainda tem *muuui-ta* oportunidade de renovar como isso é feito e surpreender o público.

Um case muito louco é da empresa americana Liquid Death.[3] Eles vendem água, mas de uma maneira revolucionária. São provocativos, irreverentes, até na contramão das tendências de hoje. Pensa comigo: vender ÁGUA? Eles foram buscar na marca e na comunicação uma maneira 100% original de vender o produto mais comum de todos.

É interessante que os empreendedores estejam sempre se questionando, pois as oportunidades de tentar algo diferente estão na frente deles, mas a maioria não aproveita. Falta analisá-las tendo o próprio negócio como foco, principalmente com base no portfólio, pensando "isso aqui dá caldo". Identificar quais são os produtos que saem mais

---

[3] Para saber mais, acesse: https://liquiddeath.com/en-br.

e montar um plano de ação com essa e outras informações do seu cliente, para "tirar mais suco" do que já tem.

É PRECISO ESTAR ATENTO E FORTE, NÃO PODEMOS TEMER O RISCO

Quando eu souber o que você consome do meu portfólio, é claro que vou provocar novas compras, aumentar meu ticket médio, ofertar mais produtos da mesma coleção ou estilo. Já pensou se você fizesse o mesmo e assim garantisse 50% do seu consumo recorrente? A estratégia envolve tecnologia, mas é para você entender o seu consumidor e oferecer o que vai encantá-lo.

São fundamentos simples, mas difíceis de serem aplicados se o excesso de informações estiver causando estes equívocos de gestão: perda de foco, acreditar que a inovação só é possível com a tecnologia, basear-se em modinhas ditadas por gurus, beber sempre das mesmas fontes, medir-se de acordo com a concorrência, esquecer do arroz com feijão. Vamos ver melhor como esses equívocos acontecem?

Sempre vejo os empreendedores bebendo das mesmas fontes, indo aos mesmos eventos, consultando as mesmas fontes de informação. Isso pode ser muito limitante para o negócio. E perigoso...

PERDA DE FOCO

Uma coisa que quero pedir é que você não perca o foco. Não há a menor necessidade de se precipitar, partir para o *tudo ou nada*, decidindo, por exemplo, fechar sua loja e abrir um e-commerce, só porque as experiências nos últimos anos passaram a ser muito mais virtuais do que no passado. Felizmente, os consumidores, embora tenham adquirido o hábito de pesquisarem muito e comprarem pela internet, também voltaram com força para os espaços físicos.

No pós-pandemia, muitos shopping centers se mostraram mais dispostos a negociações com os lojistas. E o próprio setor, que é gigantesco e relevante à beça para os brasileiros, reabriu se renovando. Acrescentou ao objetivo das compras mais entretenimento (há uma onda de exposições interativas), serviços (como escolas infantis, clínicas estéticas e médicas, academias), espaços de conveniência (pensados até para os pets dos clientes).

Agora, nada disso adianta sem que você *bote pra quebrar* para refazer a sua receita. Se o seu cliente não está vindo até você, vai ficar de braços cruzados? Não, você vai até ele, convidando-o pelo WhatsApp e pelas redes sociais para conhecer as novidades na loja ou no site. O fluxo de shopping vai continuar, então não crie uma confusão na sua cabeça só porque ouviu que o e-commerce está se expandindo.

E também não caia no erro de aumentar o portfólio de produtos sem ter uma estratégia clara; vejo muita marca se perdendo e errando por causa disso. Nós, da Chilli Beans, não vendemos roupas e tênis. Recebemos dezenas de propostas toda semana, mas nunca liberamos para licenciamento da marca. Por quê? Porque temos uma avenida tão grande para óculos escuros, de grau, relógios e para os smart-watches! Se eu estivesse vendo que essa avenida está diminuindo, acabando, revisaria a estratégia. Mas, como tenho tantos passos a dar ainda, vou continuar nesse caminho interessante. Ainda tem muita laranja para fazer suco no mercado óptico e de acessórios. Meu foco está lá. Busque criar novos mundos dentro do seu propósito.

Quando você lança uma estratégia, não pode abandoná-la. Do contrário, perde o foco e a objetividade. Outro exemplo: temos muitas lojas, mas sem abrir mão do modelo de quiosques. Eles são ótimos para estudarmos os melhores pontos dos estabelecimentos comerciais e excelentes para lançamentos de produtos. São lugares com alto tráfego e visibilidade.

Entretanto, vou ser bem sincero com você: nem tudo que deu certo com a Chilli Beans tinha estratégia por trás. Foi acontecendo por mantermos ouvidos e olhos abertos, pensarmos positivo e exercitarmos o que poderia dar certo. Nos momentos difíceis, a gente raciocinou. Botou a bola no chão e rapidamente refez o plano financeiro, incluindo o dos franqueados. Isso nos trouxe um pouco de saudabilidade comercial para usarmos a criatividade e testarmos novas soluções. O *feeling* do time todo, não só meu, foi determinante em diversos momentos.

Além do mais, estamos vivendo em um mundo de incertezas. Sem detalhar um plano para colaboradores, parceiros e demais envolvidos, você não movimenta. Por isso costumo falar para os empresários se posicionarem: "A minha data para implantar isso é...",

"A minha estratégia para o próximo trimestre é...".

Essa postura nos ajudou bastante. Durante a pandemia, traçamos uma estratégia de reabertura das lojas com quatro possíveis datas. Otimista, calculei três datas que não vingaram, porque a situação sanitária no Brasil e no mundo havia se agravado. Mas pelo menos eu dei um direcionamento. Se as datas falharem por motivos alheios à sua vontade, você reformula e continua na sua estratégia.

As pessoas precisam ter um direcionamento seu para não ficarem desnorteadas, desmotivadas. Mesmo quando as autoridades públicas não tinham um plano, a gente trabalhava o nosso. E se um colaborador ou franqueado me perguntasse "O que vamos fazer?", eu olhava nos olhos dele e explicava: "A nossa estratégia é essa...".

Tendo um destino claro na cabeça, você pode traçar diferentes rotas, ajustar o caminho, pegar atalhos. Aliás, não é assim que o Waze faz?

Eu lembro que um empreendedor me contou, durante uma mentoria, que tem uma empresa no ramo esportivo e não vê concorrentes diretos, por isso tinha fé em seu crescimento. Sabe aquele momento lindo em que a gente vê várias oportunidades, com muitas portas se abrindo? É preciso clareza sobre em qual delas entrar. Faça consigo mesmo o exercício de pensar: "O meu negócio é este, então é nisto que vou pôr a minha energia, sem distrações".

Quando ele me contou sobre seus projetos de eventos, microfranquias, expansão

TENDO UM DESTINO CLARO NA CABEÇA, VOCÊ PODE TRAÇAR DIFERENTES ROTAS, AJUSTAR O CAMINHO, PEGAR ATALHOS. ALIÁS, NÃO É ASSIM QUE O WAZE FAZ?

para outras cidades, eu o alertei para o perigo de perder o foco. Todas as possibilidades eram boas, mas eu quis saber o seguinte: se ele tivesse que escolher um caminho em que botar a sua energia, por qual seguiria? Segunda reflexão importante: será que ele já tirou o máximo de "suco" da cidade em que está antes de querer expandir para outras?

Eu somente partiria para uma segunda área depois de ter dominado a primeira. Sugeri que ele colocasse todo o seu foco onde ele estava e em fazer o negócio realmente acontecer na sua cidade, para depois decidir o próximo passo em cima de uma realidade positiva, de um negócio bem-sucedido, capaz de atrair investidores e parcerias com grandes marcas.

ACREDITAR QUE A INOVAÇÃO ESTÁ SÓ NA TECNOLOGIA

A pandemia acelerou o processo de transformação digital dos negócios, principalmente para estarem on-line e sobreviverem ao fechamento dos pontos de venda físicos. Só que a inovação com essa revolução tecnológica vai *muito* além, e tem o ser humano no centro. No meu ramo, quem opera a máquina de fabricar óculos faz a diferença no produto que eu crio e vendo. Estou falando de tecnologia, sem tirar a importância das habilidades humanas. Nosso design é 100% brasileiro, feito dentro de casa por uma equipe fantástica – essa é uma das nossas fortalezas e um diferencial competitivo em relação à concorrência.

Quer outro exemplo? Eu vivenciei demais isso quando, depois de inventarmos o quiosque de óculos, a loja sem vitrines e as coleções temáticas, deixamos os algoritmos explorarem a alma da pimenta. "Se não existe, a gente inventa" é a primeira campanha brasileira cocriada 100% com inteligência artificial. Assinada com muito orgulho pela House Chilli Beans, nossa agência interna de criação, ela conecta moda, arte e tecnologia de uma forma totalmente insólita.

ACESSE O QR CODE E CONHEÇA A CAMPANHA "SE NÃO EXISTE, A GENTE INVENTA".

O resultado, revelado em abril de 2023, são imagens hiper-realistas de pessoas, lugares e produtos. Elas retratam a brasilidade, com temas como floresta, sertão, praia, urbano. Na fase de testes, perguntamos às pessoas: "Você vê alguma coisa errada nesta foto?". Fizemos essa brincadeira, já sabendo que, mesmo com várias pessoas alimentando de informações essa inteligência, a maioria das imagens vinha com imperfeições.

A figura humana ter nove dedos ou mais de dois braços não era problema. Dava um tempero à campanha. A maior preocupação era vir uma coisa cafona, pouco realista, fotografia ruim. A inteligência da equipe, com seu conhecimento de luz, estética, comportamentos e do DNA Chilli Beans, foi decisiva para irmos de mais de dez mil imagens até as seis cenas finais. Ou seja, por mais que tivesse inteligência artificial, a alimentação de informações foi apimentando esse trabalho conjunto.

Nosso querido diretor de criação e parceiro de estrada há trinta anos, Zé Caporrino, complementa que achou "fascinante procurar entender como ela 'pensa'". E, em respeito a essa inteligência, achamos interessante preservar algumas anomalias nas imagens. O curioso é que as pessoas levam um tempo para descobri-las (e muitos nem descobrem!). Para complementar, o texto da locução do filme também foi gerado por ferramentas de IA.

Queríamos gerar uma provocação a respeito do que é real ou não na era da pós-verdade, trazendo um olhar sem estereótipos da cultura genuinamente brasileira. E a gente gosta de sair na frente, testar o que é novo, experimentar. O mote "Se não existe, a gente inventa" é muito familiar para nós. Queríamos ousar com o que não existe, como fazemos com nossos produtos e ações de marca. Reinventamos imagens da Amazônia, do sertão, da feira livre… Uma loucura! A campanha poderia ter dado muito errado, mas deu muito certo. Tivemos um *baita* destaque na mídia e ganhamos a atenção do consumidor com ela.

Para que isso fosse possível, buscamos alguém que já estivesse operando essa nova tecnologia, como sempre fizemos com fotógrafos, pintores e artistas em geral. Quando me disseram que havia um artista na Turquia que fazia isso, eu pensei: "Opa, tem caldo aí". Daí, o pessoal encontrou um casal de artistas brasileiros pioneiros em trabalhos com IA, a SAL2 Studio. O Kevin Saltarelli é especialista em Business Intelligence com background de dados e negócios e o Carlos Sales é fotógrafo de moda e publicidade. Eles utilizaram diversas ferramentas de IA simultaneamente, como Midjourney, Stable Diffusion e DALL-E.

A tecnologia possibilitou entendermos e testarmos novos caminhos em busca de experiências de consumo. A pessoa se encanta por aqueles óculos, mesmo descobrindo que não são reais. Para o Kevin e o Carlos, foi inaugurada uma era de abundância criativa, com resultados impressionantes em termos de realismo e qualidade. Combinar fotografia e direção com a IA nos permitiu explorar novas ideias e perspectivas, criando algo verdadeiramente único.

A House Chilli Beans participou de toda a parte criativa da campanha, assegurando que o estilo e a identidade da marca estivessem presentes. A campanha começou no digital em abril de 2023 e, na sequência, chegou à comunicação dos pontos de vendas no Brasil e no mundo. O pessoal do nosso marketing a enxergou como uma grande oportunidade, mas também um grande desafio, pois nosso produto é acessório de moda e precisava estar em destaque nas imagens geradas pela ferramenta.

Somos uma empresa com atitude para arriscar e "sair da caixa". Trabalhar com novas formas de pensar e agir, e ainda em parceria com novos artistas, é a nossa cara. Importante: aqueles modelos retratados nas imagens foram alimentados na IA com as tendências dos óculos que íamos lançar em 2023. Fazer as pessoas pensarem no que estão vendo era a nossa principal intenção. Eu não sei se isso é bom ou ruim. Só sei que a gente experimentou.

A imaginação não tem limites. Os algoritmos são capazes de aprender com a história da Chilli Beans, gerando novas formas de expressão. As criações ganham vida própria, como se tivessem alma; e a tecnologia se funde com a moda para criar uma experiência única. Mas… tudo isso não seria possível sem pessoas talentosas e resilientes no centro do processo. E só aconteceu porque arriscamos. Fomos lá e colocamos a campanha na rua.

BASEAR-SE EM MODINHAS DITADAS POR GURUS

Para atrair a atenção dos clientes, muitas pessoas acabam adotando modismos como referência e se esquecem do mais importante: tomar as decisões do dia a dia conforme o que estão vivendo, ali, na sua frente; valorizar o time que batalha junto e pensar em como fazer o bem por meio do próprio negócio, mesmo que seja com ações simples, gentis.

Eu não tenho lemas, pensamentos, frases bonitas para propagar. Me reservo o direito de ser mutante e ter a liberdade de ser quem eu sou e agir na hora que preciso, de acordo com o que vai acontecer. Certa vez, participava de uma espécie de talk show com profissionais de outras empresas, quando o primeiro falou "A minha frase é esta…". O segundo, "Gosto muito desta…". Eu fui sincero: "Eu não tenho frase, gente". O teatro quase veio abaixo com as risadas, mas é isso.

Da mesma maneira que a gente precisa ficar atento às tendências, não pode ser radical. Gurus pregando que o futuro de todos nós está no metaverso, e ponto-final, ignoram a lei do equilíbrio. Aliás, eu penso que um dos motivos para essa realidade virtual imersiva e interativa não ter revolucionado a vida social, na proporção propagada, é porque ela já acontece.

Vivemos a loucura de ver muitas pessoas sendo na vida real de um jeito e, no Instagram, de outro bem diferente. No fundo, elas já têm os seus avatares no admirável mundo das mídias sociais. São uma no plano físico, quando cheiram, tocam, sentem dor e paixão, e outra no mundo criado para essa superexposição voluntária. Isso é metaverso (que significa "além do universo"), ou qualquer nome que você possa dar. Talvez a gente não tenha percebido, mas nem o caminho do carro decidimos mais, porque

MAIS DO QUE OLHAR A CONCORRÊNCIA, VOCÊ PRECISA, SIM, OCUPAR ESPAÇOS E TERRITÓRIOS E GARANTIR QUE ELA NÃO SE APROPRIE DE ALGO QUE NÃO É DELA.

quem "dirige" é um aplicativo de GPS, uma tecnologia de localização por satélite.

Um monte de gente ficou enlouquecido com o acessório-mor do metaverso: os inconfundíveis óculos de realidade virtual. Eu preferi ir com calma. Claro que sempre estive atento à tendência, mas não no desespero do modismo mundial, para não me tirar do meu foco. E esta é a minha leitura sobre essa tecnologia que fez até empresa mudar de nome: ela é complementar ao físico e ao on-line – que não vão acabar.

Imagine um empreendedor chegando para o time inteiro da empresa e decretando "Agora é metaverso". Todo mundo foca essa inovação e abandona o principal, que garante a sustentabilidade do negócio. Daí, o faturamento começa a cair de bico. Cuidado com o radicalismo, que leva a empresa a atuar com desequilíbrio. Agora, dar no metaverso uma experiência que o seu cliente não teria no físico pode ser genial!

Em 2020, pensando na biossegurança dos nossos colaboradores dos mais de novecentos pontos de venda na época, inovamos fazendo a Superdose, nome da nossa convenção, numa live. No ano seguinte, inovamos de novo realizando-a dentro de um videogame, com performances e shows exclusivos, junto com a apresentação das coleções daquele ano. Foi pelo jogo *GTA V*, em uma ilha digital a ser explorada pelos convidados com seus avatares.

ACESSE O QR CODE E SAIBA MAIS SOBRE A SUPERDOSE.

Podia ser acompanhada dentro do game pelos colaboradores, que criaram personagens para interagir com os outros, ou pelo público geral por meio de uma transmissão realizada pelo amigo e *showman* Eduardo Sterblitch, com seu avatar do famoso Freddie Mercury Prateado. O meu avatar e o da minha esposa, Denize, estavam lá também. Havia uma loja Chilli Beans, navio ancorado, *blimps* de patrocinadores, roda-gigante, passeios de avião e de helicóptero, óculos gigantes e, claro, muitas pimentas.

Gostamos de abraços, de estar juntos, de contato próximo. Infelizmente, isso ainda não era possível, mas que bom que o real e o virtual já coexistiam. Então, fazer a Superdose no formato game foi uma extensão natural desse tipo de experiência. A inovação estava em criar (olha aí a inteligência humana!) um game dinâmico, recheado de atividades e conteúdo para divertir e fortalecer o elo com a marca que juntou trinta mil pessoas naquele ambiente. Já que não dava para ficar junto fisicamente, com os avatares, aí sim a galera podia se juntar, dar um rolê virtual de skate, de helicóptero, visitar o navio e até curtir os bares e a ilha virtual.

São diferentes maneiras de nos comunicarmos. Nem por isso passou pela minha cabeça migrar somente para o on-line, desprezando a conexão olho no olho da venda física. Não adianta ir contra a essência do ser humano, que curte os dois. Por tudo isso, nunca fui na onda dos gurus que afirmavam que viveríamos um "novo normal". Só para você saber, a nossa venda on-line era de 3% antes da pandemia, passando em 2022 para 18%. Mas as lojas físicas também voltaram a crescer, graças a Deus.

Quem vende experiência dentro do ponto de venda, com um atendimento bacana, uma história bem contada, voltou a sorrir (sem máscara cobrindo!). Quem vende commodities deve se preocupar. O avanço do e-commerce foi por necessidade. Era a única opção de consumo. Mas quando você tira do consumidor o direito de ir a uma loja e experimentar um batom, ver como a roupa cai no seu corpo… e devolve tudo isso, a vontade de recuperar a experiência é grande.

O cliente é soberano e vai escolher: *ser impactado via celular, depois experimentar os óculos na loja* ou *comprar on-line e retirar na loja mais próxima*. Ele vai decidir de que maneira quer ser atendido, com todos os canais de contato se complementando. Sem essa de que "vai mudar tudo". Sabe quem fala isso? É quem não está no dia a dia do varejo.

Ainda sobre a pandemia, por causa da necessidade de se produzir remotamente, de dentro de casa, vi gente trabalhando havia dois anos para uma empresa sem nunca ter pisado nela. Como criar identificação, valor agregado, história, cultura organizacional desse jeito, sem encontros? Não abro mão do olho no olho, por mais que os gurus digam que "agora é home office". Tem papo no café que é muito mais criativo e apimentado do que em reunião.

Para ninguém "me tirar de louco ou de tiozinho", na minha empresa tenho os dois modelos: presencial e remoto. Conseguimos o melhor dos dois mundos com o formato híbrido, que permite que as pessoas:

- absorvam a cultura da empresa;
- criem alianças em prol dos projetos;
- socializem na medida certa e assim se mantenham saudáveis mentalmente;
- consigam produzir com foco nos momentos de trabalho em casa;
- tenham flexibilidade e versatilidade na rotina.

BEBER ÁGUA DAS MESMAS FONTES

Outra pergunta que me fazem com frequência: "O que te inspira?". Respondo que não bebo da mesma fonte de todo mundo. Bebo de fontes completamente diferentes. Vou a eventos de outros setores, gosto de exposições de arte, desfiles de moda, shows de música. Mas isso não é comum. Vejo empreendedores indo às mesmas feiras setoriais ano após ano, ou seja, bebendo da mesma fonte.

E você, também se preocupa em buscar novas referências para trazer para o seu negócio? Por exemplo, inspirar-se nas inovações de outros setores é uma excelente ideia para sair da própria bolha e enxergar novas possibilidades.

Tem empreendedor que não se arrisca nem a vestir uma peça de roupa diferente da maioria. Nada contra quem curte calça e jaqueta pretas, mas existem outras cores, assim como tecidos e estampas. E por que carro no Brasil é quase sempre preto, prata ou branco? *Caramba*, e o carro amarelo, o carro verde? Sem perceber, as pessoas vão se limitando a consumir as mesmas coisas, dizer e ouvir as mesmas coisas e, por consequência, a produzir/vender as mesmas coisas também.

Adoraria ver o empresário brasileiro ousando mais, acreditando mais naquilo que todo mundo *não* faz. São oportunidades. Construí a minha empresa tendo como pilares as mais variadas expressões artísticas, musicais e da moda. Sempre me relacionei com esse mundo. Encontre o seu, e não o que disseram para ser o seu. Vendo e ouvindo o que todo mundo vê e ouve, como você vai se diferenciar?

Mais que títulos, certificados ou diplomas, a bagagem cultural e existencial que você traz para seu negócio é determinante.

MEDIR-SE PELA CONCORRÊNCIA

Não sei se é certo ou errado, mas desde que comecei a Chilli Beans nunca tive muita preocupação com concorrência. Gosto de dizer que não olho no retrovisor, e sim para a frente, pelo para-brisa. Para as ideias que vêm à minha cabeça e ponho em prática. Por que estou falando isso? É bom fazer pesquisas de mercado, saber como está a competitividade no seu segmento. Acho positivo ver tudo isso, mas sem criar uma dependência, porque atrapalha a agir, a trilhar um caminho.

Sabe o que acontece com esse tipo de dependência? A empresa não anda. Isso tem relação com o medo de fazer suas próprias paradas. É por isso que insisto com você: vá e faça o que acha que deve para o seu negócio andar. A menos que você seja uma consultoria de *benchmark*, ficar olhando cada passo dos concorrentes suga o tempo que precisa dedicar à inovação e ao aperfeiçoamento.

Eu penso: "Beleza, Ray-Ban faz as ações dela, nós fazemos as nossas", e está tudo bem! Eles acertam e erram, e nós também, *ué*. De vez em quando, vem alguém do meu time e conta algo mais significativo sobre o mercado. De seis em seis meses, fazemos uma pesquisa de concorrência, de mercado, de preços. Ponto. A gente quase nem pronuncia o nome "concorrência" dentro da empresa.

ADORARIA VER O EMPRESÁRIO BRASILEIRO OUSANDO MAIS, ACREDITANDO MAIS NAQUILO QUE TODO MUNDO NÃO FAZ.

Mais do que olhar a concorrência, você precisa, sim, ocupar espaços e territórios e garantir que ela não se aproprie de algo que não é dela. Sabe o que eu penso? Vou fazer do meu jeito.

Hoje, nós temos o chamado "bom problema". Por fazermos do nosso jeito, com o nosso DNA, não temos concorrente direto. Ou seja, nenhuma marca no Brasil e no mundo vende óculos do jeito que eu vendo. Todas as outras empresas ligadas ao segmento óptico vendem multimarcas. Algumas na sua loja física, mas numa escala bem pequena.

Por exemplo, a Riachuelo compete com a C&A. A primeira é nacional, e a outra, multinacional, sendo ambas grandes magazines. Não há outra marca com o mesmo formato da Chilli Beans no mercado para dizer "Olha só o que esse cara está fazendo!". Que trabalhe com temas, coleções semanais, *storytelling* em cada peça, collabs...[4] Um dos motivos, acho eu, é porque nunca me importei com concorrência.

Sempre fui lá e fiz. Sempre me senti livre para fazer o negócio andar, acertando muitas vezes, e errando também. As pessoas me perguntam quem é o meu concorrente e digo que é a Ray-Ban. Mas é só porque ela também vende óculos escuros. Mas não do mesmo jeito, pois está em marketplaces sem contar a história do produto. Eles vendem óculos, nós vendemos histórias que pegam na veia do nosso público.

ESQUECER DO SEU ARROZ COM FEIJÃO

Vejo um monte de empresas sofrendo as consequências desse vacilo, na tentativa de se reinventarem. Quantos produtos, quantas histórias lindas, quantos sonhos foram esquecidos, porque faltou paciência de ajustar, para crescer pisando firme, ou porque havia muitas estratégias sendo implementadas de uma só vez? É importante ter calma, antes de mandar todo o seu esforço para o lixo.

Ser mutante e se adaptar às novas realidades, diferenciando-se da concorrência, não significa que você vai esquecer os fundamentos, os princípios básicos, que trouxeram você até aqui. Volto a repetir: a

---

4 Parcerias da nossa empresa com outras empresas ou pessoas para criação de produtos em conjunto, a fim de fidelizar públicos ou atrair novos clientes.

gente precisa ficar de olho em *tudo* que está acontecendo e exercitar as ideias que surgem para decidir quais funcionam e quais jogar fora. Mas sem descuidar do que traz solidez à empresa, como o seu jeito de pensar e de ganhar dinheiro já testado e aprovado pelo seu cliente.

É o tal do arroz com feijão, que não pode ser abandonado. Tem de ser aprimorado. Quem faz isso muito bem é o mercado de carros japoneses. Há quarenta anos, o mundo inteiro vê as principais empresas dessa indústria fazendo ajustes, melhorias, inovações tecnológicas que foram lhes conferindo confiabilidade, eficiência no combustível, durabilidade e outros elogios. O arroz com feijão saboroso e temperadinho nunca sai da mesa da gente.

Parece fácil, mas não é. Exige constância, mas mantém a saúde financeira e o DNA da empresa. Em paralelo, a gente fica com os ouvidos e olhos abertos para inovar, e incentivando a equipe a fazer o mesmo. Uma empresa como a Chilli Beans, que vende óculos como acessório de moda a preços acessíveis desde sempre, mas lançando modelos com um tema novo todas as semanas, tem essa essência. Traz o tempo todo novidades, como ações diferentes nas edições do *Big Brother Brasil* e do Rock in Rio, Lollapalooza, The Town e CCXP, sem perder de vista o básico.

Quanto mais seu negócio cresce, mais consciente você precisa ser dos seus passos. Ou põe a perder um gigante que viu nascer e alimentou com energia e paixão. Um erro com dez lojas é diferente de um erro com quinhentas. Esquecer de caprichar no arroz com feijão tem consequências seríssimas, como a debandada dos clientes. Ao mesmo tempo, sem arriscar com coisas novas, a marca não evolui. É esse meio-termo que você tem de viver.

Negócios não prosperam, independentemente do tamanho, se não encontram um equilíbrio entre fazer o arroz com feijão e botar mais pimenta. A gente não pode temer o desafio, a gente precisa se preparar para o desafio. Não será fácil, mas nós vamos vencer, entendeu?

ARROZ COM FEIJÃO, PIMENTA E AMOR

▲ Ativação Chilli Beans óculos gigante com fogo em 2017.

▲ Superdose Chilli Beans 2016.

CHEGAR LÁ ENVOLVE FATORES QUE DEPENDEM MUITO DA SUA maneira de lidar com os desafios, os imprevistos e as "pedreiras". Além de fomentar um ambiente de criação, de fazer acontecer, para levar você para cima. Buscando sempre o equilíbrio ideal entre garantir o básico bem-feito e a liberdade de tornar a empresa um corpo mutante.

Quando comecei, o que me manteve de pé não foram investimento, estrutura, conhecimento sobre empreender. Foi a minha disciplina, a minha atitude e uma boa dose de fé. Eu me cerquei de gente talentosa, acreditei na minha ideia e fui em frente. Errei e acertei. Recomecei. Tentei de novo e de novo. Finalmente deu certo!

Às vezes penso que estar vivo por três décadas, vendendo acessório de moda, é quase um milagre! Só para você ter uma noção, calculo que apenas 15% das marcas de moda que estavam no shopping no dia que inaugurei minha primeira loja continuam existindo. Olha só, em 2023, continuavam operando apenas três marcas dentre as que abriram junto com o Shopping Iguatemi de Florianópolis, lá em 2007: McDonald's, O Boticário e nós, Chilli Beans. Só três marcas de mais de 250 – todas as demais se foram!

Quanto mais eu vou crescendo, mais faço questão de juntar ao arroz com feijão estes dois ingredientes: pimenta e amor.

A pimenta é o tempero inusitado que você precisa pôr no negócio. Já tem muita coisa copiada no mundo! Vá atrás de outra, para ter uma personalidade. Algo com a sua cara, que seja interessante, que ajude você a se posicionar de um jeito diferente no mercado. Não se contente em ser igual aos outros. Anota aí: *bota pimenta* que o consumidor gosta!

E o amor… ah, é o que nos salva nas horas difíceis, traz a positividade quando "a casa cai". Assim que entendi que seria muito difícil viver da música, deixei meu espírito empreendedor aflorar. E me apaixonei pelo negócio de óculos. Nessas três últimas décadas, não senti que trabalhei, mas, sim, que me diverti. Essa paixão da juventude, que amadureceu junto comigo e virou amor, me dá força e vitalidade para superar os momentos complicados.

Fazer contas para ver se o seu negócio para em pé é fundamental, mas é o mínimo necessário. Explico: se você ficar mergulhado em contas e mais contas, sem testar nada, talvez desista dele. E um pouco de risco, de loucura, de encrenca – e por que não de pimenta e amor? – faz parte da vida de quem escolhe empreender. É tipo viajar nas férias. Na ponta do lápis, sai bem caro bancar alguns dias que passam rápido, mas, nas lembranças da sua família, aquele período será eterno. E ainda tem um poder gigantesco de ampliar os horizontes de todos.

Se estudou o seu mercado e acredita que tem um mar lindo para navegar, arregace as mangas, pelo amor de Deus! O que faz você *pirar* de alegria? Você só vencerá a insegurança indo para a prática, ponto-final. Acredite na sua ideia e vá em frente, porque a sua atitude vai ajudar a passar pelas tempestades e chegar melhor do outro lado. Sempre.

VAMOS BOTAR A MÃO NA MASSA

Essa liberdade de olhar para o seu produto e vê-lo em constante mutação, estimulado por diversas fontes de inspiração, é um combustível sensacional. Colocar em prática esse espírito mutante lhe dará impulso para ganhar o jogo nos próximos anos ou até para sempre. Metamorfose. O que foi ontem já acabou, não é hoje. Tudo pode mudar de estado ou forma: vale a pena ter a cabeça aberta a mudanças.

Também é preciso reconhecer e fortalecer o maior alicerce da sua empresa: o ser humano. Você é humano, seus colaboradores, clientes, parceiros também. Acabou aqui a fantasia da perfeição, porque cada pessoa possui seus pontos fortes e suas vulnerabilidades. É por isso que vou falar, nos próximos cinco capítulos, de humanizar o negócio por meio destes pilares fundamentais: pessoas, marca, histórias, mutante e verdade.

A palavra "humanizar" é autoexplicativa. O seu trabalho tem de ser uma coisa verdadeira, do coração, mais natural possível. Ninguém é melhor que ninguém. Somos todos guerreiros e aprendemos uns com os outros. Vejo muitas empresas contratando profissionais para humanizar o negócio. Tudo bem. Só que os "cabeças" precisam dar o exemplo. Porque o time repete o que seu gestor – no caso, você – faz.

Escutar, construir junto, engajar, ser acessível… são sutilezas da relação interpessoal que fazem a diferença. Esse é um dos grandes aprendizados que tive nesses anos todos de varejo. Vou lembrar o óbvio: uma empresa é feita de seres humanos, que precisam se conhecer e se conectar. No café, no caminho do almoço, nos encontros para discutir ideias, na colaboração quando algo empaca, nas comemorações.

Humanizar vale para seu *business*, sua marca, suas relações, sua tomada de decisão, seu dia a dia.

Não sei tudo. Só cheguei tão longe porque pude contar com a ajuda de pessoas

VOCÊ SÓ VENCERÁ A INSEGURANÇA INDO PARA A PRÁTICA.

que se identificaram com a minha verdade – e foi ela, também, que cativou o meu consumidor. Formei um time incrível e construí uma marca cheia de histórias, resiliente, com personalidade própria. Em cima de tudo isso está o exercício da marca: quais são os fundamentos dela? Que mensagem está passando? Está forte no mercado? Qual o propósito do negócio? E do seu time?

Uma postura mais humana está enraizada em muitas condutas de gestão que vamos aprofundar aqui. Além de contar um pouco sobre as ações da Chilli Beans, quero entrar numa parte gostosa dos cinco pilares principais que fazem essa empresa ser o que é hoje. Se alguém me pedir "Caito, você pode resumir em cinco palavras o sucesso da Chilli Beans?", responderei: pessoas, marca, histórias, mutante e verdade.

Fomentei esses eixos na equipe, na estratégia, na marca, na alma do negócio e quero fomentá-los com o máximo de empreendedores no Brasil. Para que também evoluam não como uma empresa, mas como comunidade em que cada um tem a sua função, em que cada um olha para a mesma direção. Só assim você e aqueles que te cercam vão navegar com mais sucesso no mar das oportunidades.

Que meus aprendizados sirvam como incentivo para você acreditar que pode realizar sonhos, mas sem poetizar. Quem está à frente de um negócio precisa saber a realidade dos outros empreendedores. Por isso, nas próximas páginas, você encontrará mais pontos de vista e experimentações que já fizemos, como transformamos obstáculos em oportunidades e o que mais funcionou para nossa equipe. Você saberá do nosso direcionamento, de importantes escolhas e viradas de chave que nos fizeram estar de bem com a vida hoje.

De novo, não é uma fórmula do sucesso. É apenas a nossa história, repleta de altos e baixos. E estamos muito orgulhosos dela.

José Caporrino, diretor de criação

Assim como a Chilli Beans, a minha vida profissional não foi planejada, segui a minha intuição. Sempre fui fascinado por computação gráfica, mas não havia nenhum curso relacionado na época, o mais próximo que consegui foi uma faculdade de tecnologia. Sou bacharel em processamento de dados e aprendi um monte de coisas que nunca usei, como programar em linguagem de máquina.

Nunca imaginei trabalhar com propaganda, tinha ideias na cabeça e um computador, que naquela época era um pouco "caixa preta". O conhecimento era escasso e as pessoas não sabiam muito bem como explorar, principalmente os recursos gráficos e visuais. O jeito foi aprender na raça, éramos eu e minha irmã/sócia Ana Caporrino, ainda morando na casa dos meus pais, dias e noites fuçando ferramentas e manuais gigantes.

Começamos prestando serviços para pequenas empresas, mas a virada de chave veio quando nos chamaram para um job na Editora Abril – era a oportunidade de fazer bonito. Entregamos com agilidade, qualidade, bom preço, e claro que nos chamaram novamente. A velocidade de lançamentos da editora era frenética e não demorou para nossa proposta de atendimento mais ágil e menos burocrática ganhar volume.

Com o aumento da demanda, alugamos uma sede, compramos equipamentos, contratamos, ganhamos espaço e nos consolidamos, ao lado das gigantes do mercado, como uma das principais agências da editora, atendendo os títulos mais importantes na fase áurea das revistas. Isso não seria possível sem muito suor e determinação, aprendemos na prática a fazer material de ponto de venda, anúncios, mídia exterior, filmes para TV, digital, eventos, marketing publicitário. Foi uma grande escola, e por anos exercitamos todas as disciplinas da publicidade com esse cliente.

Além da Editora Abril, conquistamos uma boa carteira de clientes. Nessa época, já tinha amizade com o Caito e o ajudava nas demandas pontuais, sem muita ideia do que viraria. Eu não o via como cliente, mas dava todo suporte desde os tempos da sua importadora de óculos Blue Velvet e da banda Las Ticas Tienen Fuego. Quando teve a ideia da Chilli Beans, me procurou para criar uma arte para decorar seu stand no Mercado Mundo Mix, uma feira de marcas alternativas. Na minha cabeça a grafia da palavra Chili levava dois "LL". O Caito, sempre apressado, passou na agência antes de eu revisar no dicionário – afinal, não tinha acesso fácil pela internet como é hoje. Falei que ia corrigir, mas ele gostou do jeito que ficou. Anos depois ouvimos que na numerologia esse segundo "L" traz dinheiro.

Caito e eu funcionamos muito bem juntos, sinto que nos complementamos e essa relação tão longa só é possível por conta de, acima de tudo, respeito. Falam que eu só não tenho o crachá 001 porque pertence à mãe dele. Juntos fomos construindo esse conceito, esse modelo de negócio, de uma forma bastante intuitiva, por tentativas e erros, com algumas convicções que nós tínhamos. Não havia parâmetro.

Por se tratar de um novo modelo de operação, os desafios na Chilli Beans foram encarados à medida que surgiam as demandas, conhecendo e adaptando a linguagem para os formatos de quiosques e lojas, dando o suporte para as franquias e internacionalização da marca. Ou seja, garantindo que todos os pontos de contato com o consumidor espelhassem da melhor forma a identidade da marca.

Mais do que vender óculos e acessórios, procuramos trazer algo novo, que provoque o consumidor. A pimenta sugere imprevisibilidade, o não convencional, ela instiga e desperta os sentidos. Quando a pimenta entra no organismo, incomoda, mas assim que é assimilada vem a sensação de prazer. É dessa forma que pensamos nossas criações, não basta ser lindo e funcional, tem que ter pimenta! Nunca foi (e nunca será) uma fórmula de prateleira.

Construímos um modelo inédito de trabalhar marca. Quando ele conseguiu sua primeira loja, na Galeria Ouro Fino na Rua Augusta, uma coisa interessante aconteceu. Era a época das festas eletrônicas, as famosas raves, e foi feita uma parceria com os organizadores para a loja ser um ponto de venda de ingressos. As pessoas vinham atrás das entradas e aproveitavam para comprar óculos (os mais diferentões) para curtir a balada.

Por intermédio do irmão do Caito, Guilherme Gomes, começamos a fornecer copos com Chilli Beans para os bares das raves. Imagine milhares de pessoas com nossa marca na mão! De alguma maneira, começávamos ali o pensamento de guerrilha. Mesmo sem conhecer o termo "marketing de guerrilha", estávamos colocando a Chilli num momento de curtição do público-alvo.

Um certo dia surgiu uma oportunidade de entrada no Shopping Villa-Lobos em São Paulo, foi aí que o Caito encomendou para seu arquiteto o primeiro quiosque de acessórios do Brasil. Neste novo formato as pessoas podiam tocar, experimentar, fotografar e se divertir provando os óculos de sol. Estava decretado o fim daquela burocracia de pedir ao vendedor a gentileza de provar óculos trancados em armários envidraçados, e encarar aquela cara de "vai comprar ou não?". Foi uma grande sacada, a invenção que deu tão certo que não demorou para aparecerem outras marcas fazendo exatamente igual.

Ali nascia a revolução que mudou a relação das pessoas com óculos de sol, a Chilli Beans subverteu a relação dos brasileiros com a categoria ao criar uma faixa intermediária entre os óculos de camelô e de marcas de luxo, ao proporcionar uma nova experiência de compra e ao abrir espaço para que as pessoas pudessem ousar, levando vários modelos.

Hoje sou responsável pela House Chilli Beans, um misto de agência de publicidade e birô de criação que montamos na sede da empresa. Trago minha bagagem cultural, experiência profissional – e claro, todo o histórico de comunicação da marca –, mas estou sempre em busca de novos aprendizados. É muito gratificante trocar com um time jovem e diverso, trabalhamos em propostas que juntam várias referências de linguagem, sempre buscando um resultado com personalidade.

Não seleciono gente nova apenas pelo portfólio. Levo em conta a técnica, o potencial, a química comigo e com o time e a compreensão das sutilezas da pimenta. Afinal, não é "qualquer loucura" que representa a marca. É fundamental acompanhar de perto os movimentos das redes sociais, isso gera conversa e torna a marca mais próxima dos seguidores.

Se somarmos as marcas Chilli Beans e Ótica Chilli Beans temos em média uma campanha por semana, contabilizando mais de 6,5 mil entregas por ano entre peças para ponto de venda, digital, material para franqueados, internacional, mídia, roteiros de vídeos etc. Imagine esse volume dividido em uma variedade de temas simultâneos, que vão do geek à moda passando por música, esportes e arte, e ainda ser eficiente e disruptivo. É uma operação que precisa estar sempre muito bem ajustada, e para que isso aconteça tenho conversas constantes com o time para brainstorms e alinhamento do processo criativo.

Para entender a Chilli Beans é importante lembrar que na época de sua fundação, no final dos anos 1990, vivíamos em uma sociedade preconceituosa, machista e homofóbica, o que dificultava para muitos se inserirem no mercado de trabalho, e até serem rejeitados pela família. A Chilli Beans foi a primeira marca brasileira a acolher e respeitar as pessoas independentemente de suas escolhas, a diversidade já estava em nosso DNA muito antes desse termo virar pauta em todo o mundo. Ficamos muito felizes em ver os esforços de veículos de comunicação e marcas promovendo a diversidade, isso está fazendo um bem enorme à sociedade.

Essa essência genuína gera empatia e motiva as pessoas a desejar crescer e fazer carreira na Chilli. É gratificante ver vendedores se tornando gerentes, franqueados e até assumindo funções no showroom da marca. Independentemente da orientação ou escolhas individuais, buscamos talento, vontade e garra. Um efeito disso é que muita gente idolatra a marca e o Caito, por sentir que é de verdade. Estamos sempre atentos para honrar essa relação de confiança e respeito mútuo.

Gosto de desafios como o de lançarmos a primeira campanha brasileira 100% feita com inteligência artificial. Nossa ideia foi retratar alguns cantos do Brasil em um modelo de cocriação com a máquina, e para chegarmos às seis cenas finais, geramos mais de 10 mil imagens. Nesse processo, foi fascinante procurar entender como ela "pensa". E, em respeito à essa inteligência (e também para colocar uma pimentinha), achamos interessante preservar algumas anomalias na anatomia dos personagens das imagens. O curioso é que as pessoas levam um tempo para descobrir tais imperfeições (quando descobrem!). Para complementar, o texto da locução do filme também foi gerado por ChatGPT.

Vale abrir aqui um espaço para a Ótica Chilli Beans. Há alguns anos percebemos que muitos clientes estavam "abandonando" a Chilli Beans por julgá-la muito intensa. A continuidade desse cliente na empresa nos levou a pensar em um formato de loja com arquitetura mais clean, minimalista. Queremos com a Ótica Chilli Beans provocar a mesma mudança de relação que fizemos com óculos de sol. O slogan "Há quanto tempo você não muda de cara?" propõe um questionamento sobre a baixa frequência e ousadia de troca do acessório, queremos que os óculos de grau sejam vistos além da funcionalidade e que sirvam para complementar o look.

Toda comunicação e posicionamento da Ótica Chilli Beans projeta uma pessoa mais madura, sofisticada e, acima de tudo, antenada. Queremos um público que busca mais que preço ou parcelamento, e sim um óculos com referência de moda que vai vestir perfeito seu rosto.

Sempre apostamos em mensagens de impacto para Chilli Beans, isso nos ajudou muito, especialmente nas épocas de baixo orçamento. Com toda a liberdade e relação de confiança com o cliente, frequentemente apresentávamos propostas inusitadas, fazendo com que as criações reverberassem no boca a boca. Estamos falando de um período em que não existiam redes sociais, e mesmo assim as nossas campanhas causavam reações do tipo "nossa, quem são esses caras?".

O meu pensamento criativo, alinhado ao do Caito, sempre foi de "cutucar" um ao outro se as coisas amornassem. A gente sempre trabalha pensando na simbologia da pimenta. Nas nossas criações têm personalidade, beleza estética e, também, algo provocativo com potencial "incendiário".

Uma das primeiras campanhas mostrava um casal nu, usando apenas óculos de sol, em plena Marginal Pinheiros, que é uma das principais vias de acesso de São Paulo, com tráfego gigantesco. Deu buzz. As pessoas comentavam e queriam comprar aqueles óculos que apareciam na propaganda, mas os modelos anunciados esgotaram rapidamente e os clientes acabaram levando outros modelos.

> **A CHILLI BEANS FOI A PRIMEIRA MARCA BRASILEIRA A ACOLHER E RESPEITAR AS PESSOAS INDEPENDENTEMENTE DE SUAS ESCOLHAS, A DIVERSIDADE JÁ ESTAVA EM NOSSO DNA.**

Isso nos deu liberdade de trabalhar a marca, sem necessariamente mostrar produto, e lançamos a icônica campanha "Para todas as espécies", com olhos de animais. Essa campanha trazia uma mensagem que abarcava de maneira ampla e lúdica a questão da inclusão, comunicando que "todo mundo é bem-vindo". A campanha foi tão bem-sucedida que é lembrada até hoje. Pessoas paravam para fotografar os quiosques e circulavam pelo shopping com sacolas estampando imagens supercoloridas daqueles olhos de animais. Puro branding.

Quando a Chilli Beans já contava com mais de duzentos pontos de venda no Brasil, recebemos o briefing para criar uma ação de impacto em rede nacional. Não havia dinheiro para fazer uma programação de comerciais na TV, mas era possível bancar uma ação única. A minha sócia negociou uma festa no Big Brother Brasil, onde levamos um coletivo com sete DJs para tocar na casa. Resultado: o público assistiu aos brothers curtirem e provarem os muitos óculos e as nossas lojas lotaram por dias após a exibição do programa. Tática de guerrilha de novo.

Ser criativo e eficiente é inerente ao nosso trabalho. Quem não desenvolve essas competências não fica no time da House. Além disso, com tantas empresas no sistema remoto, é preciso estar disposto a sair de casa e viajar até Alphaville, onde fica a nossa sede. Mais que um emprego, meu time escolheu estar na Chilli Beans para construirmos uma história e merece meu total reconhecimento, respeito e admiração.

E seguindo na criatividade, lançamos o projeto Chilli Creators, em que convidamos o pessoal das lojas para gerar conteúdo. Estamos sempre de olho em novos talentos e incentivamos a galera a trazer sua personalidade e visão sobre as coleções e a cultura da marca. Fazem vídeos, fotos e todo tipo de material para usamos em nossas redes sociais. Além disso, estimulamos que nosso time na ponta se desenvolva em outras áreas da empresa. Um exemplo é o Kauê, que hoje é Diretor de Arte na House. Começou como vendedor em loja, abraçou as oportunidades e agora está envolvido na criação de campanhas e toda estratégia de comunicação da marca.

Sei do que falo porque tive agência por muitos anos, e até entrar de vez para a família Chilli Beans devo ter atendido uma centena de clientes. Claro que fui eficiente com todos eles, dei o meu melhor, mas na Chilli Beans é um trabalho mais autoral, tem amor, sabe? Não é aquela coisa de receber o briefing e exercer uma liberdade criativa limitada por variáveis.

Nem todas as empresas podem ousar, seja por políticas, público ou cultura corporativa. Os olhos do profissional da minha área brilham com marcas abertas a experimentar. Como é bom querer fazer diferente, poder fazer e ver o que acontece! No meu caso, não é para "moer a cabeça" e inscrever em algum festival de propaganda; é para fazer, pôr o resultado na rua e satisfazer o cliente.

A falta de verba nunca foi uma limitação. A regra é dar um jeito, resolver com o dinheiro que existe. Nem sempre dá certo, projetamos um resultado que não vem, mas vamos para o desafio seguinte. Quando acertamos, a campanha reverbera e os clientes vão para as lojas, mas tem hora que erramos, e é do jogo. Isso é resiliência. O que a gente aprendeu com isso? Como fazer diferente da próxima vez?

Técnica, conhecimento de ferramentas, análise de dados, tudo isso é fundamental, mas não pode compor a única forma de pensar. É importante o empreendedor olhar para dentro do seu negócio, sem se guiar tanto pelos outros. Coloque sempre um pouco de intuição, arrisque.

Essa é a forma que estamos construindo dia após dia as marcas Chilli Beans e Ótica Chilli Beans, e espero que a leitura do meu breve relato tenha sido útil para entender um pouco sobre a trajetória da pimenta. A mensagem que deixo é: reflita e encontre o que faz sentido para o seu negócio, o que faz seus olhos brilharem; e cuidado com fórmulas de prateleira. Encerro aqui com uma frase de que gosto muito: "ser sem graça é a estratégia mais arriscada".

CAPÍTULO 4

PESSOAS: LIDERE UMA COMUNIDADE

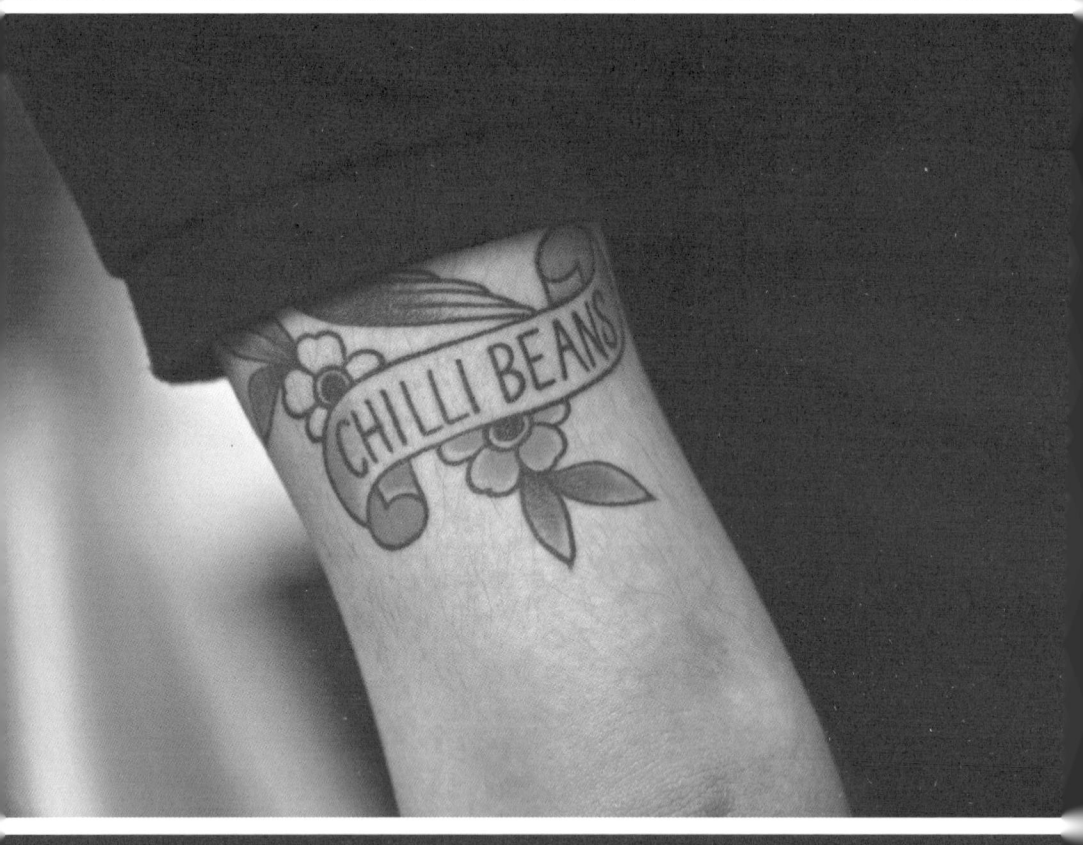

© Ignácio Aranovich

▲ Tatuagem em colaborador da Chilli Beans.

ADOTAR O CONCEITO DE COOPERATIVA ELEVA SUA LIDERANÇA a um nível especial. Essa palavra é muito incrível e já indica que, naquele lugar, as pessoas cooperam umas com as outras, têm esse senso de ajudar. Pode até haver um presidente nessa cooperativa, mas não faltam valores de colaboração e união para fazer a coisa acontecer. Seu sucesso está diretamente relacionado com seu time.

Acredito tanto nisso que fomentei a prática na minha equipe, e quero fomentar em mais empreendedores, para que implantem essa cultura. Muitos deles me perguntam como consigo ter um time tão engajado. Começo a resposta esclarecendo que a Chilli Beans não é só do Caito. É também dessas pessoas, que mantêm o negócio como um organismo vivo. Hoje se fala muito em colaboradores com "sentimento de dono", e a gente faz isso desde sempre. Mais que colaboradores, buscamos parceiros.

Ou seja, existe o Caito e existe uma grande comunidade que vive junto o negócio, de várias maneiras. A cooperação que temos na Chilli Beans faz dela mais do que uma empresa. *A gente* criou essa história, porque, de fato, ninguém constrói nada sozinho. Muitas pessoas me ajudaram a chegar aonde estou. Eu nem gosto do termo CEO. Sou, fui o fundador. É isso.

O tempo todo friso que faço parte desse coletivo, trazendo-o cada vez mais "para o jogo" do atendimento carinhoso, das inovações, das vendas recorrentes, do encantamento dos clientes, dos alertas para problemas (que nos juntamos para resolver) e das celebrações pelas conquistas. Eu sou – de fato – a pimentinha que fica cutucando e esquentando todo mundo. Vários que trabalham na Chilli Beans relatam: "Aqui, não sou um crachá" e "Vim de um lugar em que era eu, eu, eu, e todo mundo contra mim; e aqui, quando baixo a guarda, vem todo mundo me ajudar".

O carinho e o respeito que temos com nossos colaboradores é de verdade. Sem dizer que não tolhemos a personalidade de cada um, damos liberdade para serem do jeito que são. E quando você respeita a individualidade, dá liberdade de expressão verbal, corporal, cultural, é impressionante como essa pessoa entrega o dobro e trabalha mais feliz e em paz consigo mesma.

Não por acaso, os maiores elogios que recebemos são pelo nosso time de atendimento. Fico feliz, porque sempre foi meu objetivo que cada um pudesse ser quem é, cortar o cabelo como quer, usar o acessório com que se sente bem, mostrando o que mais importa: o seu trabalho. E é interessante como isso atrai o público e gera empatia nele hoje em dia. Para mim, a maior das qualificações de um profissional é o brilho nos olhos ao fazer determinado projeto ou tarefa.

Agora, você não consegue implantar essa gestão de cooperação sem que o exemplo venha de cima, da liderança. Se ficar só no discurso, é frágil, não convence; se ficar encastelado numa sala, inacessível, já era. Para ser a sua fortaleza, você deve construir essa gestão nos detalhes. Por exemplo, na nossa convenção anual, a Superdose, quero que o máximo de franqueados, diretores, parceiros, gerentes, supervisores, vendedores subam ao palco, deem o seu recado e sejam aplaudidos. Cada um pensando: "Pertenço a tudo isso", "Faço essa história acontecer".

Qualquer negócio sobrevive a crise econômica, problemas de caixa e afins. Nenhum negócio sobrevive ao desencanto das pessoas – colaboradores e consumidores. Só para você saber, e como já falei no capítulo anterior, estimo que apenas 15% das marcas de moda que existiam no shopping no dia que inaugurei meu primeiro ponto de venda ainda estão no mercado. O restante morreu ou encolheu, muito por causa dessa questão do time.

Uma parte da minha sala é envidraçada, e sempre vejo pessoas fazendo sinal de que precisam falar comigo. E falamos. Acho essencial ser um gestor acessível, quando solicitado, tanto quanto me aproximar da equipe, porque dessa fonte saem as melhores soluções e demais contribuições para o resultado.

Às vezes, dói um pouco escutar tudo que o pessoal que está com a mão na massa traz no dia a dia, mas deixar os canais abertos para você absorver a realidade do negócio decide o seu futuro.

Não tenho dados para afirmar que as hierarquias e "castas" de liderança estão sumindo cada vez mais, mas percebo que as novas gerações buscam proximidade. E muitos líderes não estão sabendo lidar com o cenário, porque essa gestão mais horizontal e colaborativa é algo novo. Para mim, sempre foi algo natural falar com todos, ouvir *geral*, estar no dia a dia realmente disponível e acessível para qualquer um do time.

Quero incentivar as pessoas e as empresas a exercitarem uma relação entre líder e liderados de trocas e de parceria, não de controle opressor. Vale a pena circular pela empresa, caminhar até as áreas, fazer reunião em diversos setores, visitar lojas pelo Brasil constantemente e, sobretudo, escutar as pessoas.

Em um dia normal na Chilli Beans, vou até as áreas, entro nas salas, falo com as pessoas, pergunto se está tudo bem, como vão, mostro a minha cara, circulo *geral* – como qualquer colaborador faz rotineiramente. Todos lá me conhecem e me veem sempre, e não apenas quando "vão à sala do chefe...".

ASSUMA A SUA VULNERABILIDADE

Se as pessoas que trabalham no seu negócio são a sua base, não é para ser uma relação artificial ou imposta. É para ser o mais natural possível, admitindo, por exemplo, que você precisa do outro ("Não estou bem, me ajuda aí" e "Você sabe isso? Porque eu não sei"). Confesso que me incomoda muito ver profissionais, principalmente líderes, que nunca falam "não sei".

Nós somos seres humanos. Temos fraquezas, como todo mundo. "Não sei" aproxima. Dá chance de o pessoal opinar. Abre espaço para esta frase genial: "Vamos descobrir juntos". E, quando aprendemos com alguém, vale a pena verbalizar: "Você sabia. Que legal, aprendi. Obrigado".

Pare e pense em quantas vezes você abriu seu coração e disse "Não sei como fazer", "Preciso de ajuda", "Desculpa aí". Assumir a própria vulnerabilidade é reconhecer que não existe perfeição – e isso dá

ASSUMIR A PRÓPRIA VULNERABILIDADE É RECONHECER QUE NÃO EXISTE PERFEIÇÃO – E ISSO DÁ UM ALÍVIO!

um alívio! Para você e para o seu time. Tenho meus fantasmas. Conhece alguém que não tem? Sou um ansioso crônico e não escondo de ninguém. Venho lidando melhor com isso – meditar é uma técnica que me faz muito bem.

Vivo dizendo que não sou santo, nem monge; também *quebro a cara*. É do jogo. Tanto que, nas minhas palestras, tenho a preocupação de não dar a entender que sou infalível, superior, e que o mundo do empreendedorismo é lindo. A plateia também quer saber dos insucessos, dos equívocos – é uma pergunta bem comum, aliás. Tem uma hora em que às vezes sento no palco e mando esta: "Também preciso dizer que nem tudo são flores".

Conto que quero sempre evoluir como gestor. Por isso, de tempos em tempos, reflito sobre características que percebo em mim e me incomodam muito, para trabalhar e melhorar. Certa vez, durante uma conversa deliciosa com a Denize, minha esposa, listei umas trinta. Elegi dez, e selecionei estas três:

1. **Ser menos explosivo.** Quando vejo algo muito absurdo, sem lógica ou hiperinjusto, sobe dentro de mim uma irritação difícil de controlar.

2. **Conter o ego, para não inflar.** Posso ser mais humilde, equilibrando melhor com o orgulho que sinto de tudo que venho realizando até hoje.

3. **Interromper menos as pessoas.** Para que elas expressem mais o que estão pensando. E elas querem falar e ser ouvidas, como se pedissem "Me deixa fazer o gol".

Ter essas preocupações proporciona a qualquer líder mais chances de ouvir muitas ideias e colocações bacanas, pertinentes, "fora da caixa". E, por mais que eu tenha razão ou queira interagir, quando o momento for do outro, devo exercitar o autocontrole. Ouço dos meus colaboradores que escuto bastante e que sou humilde, mas sempre posso melhorar. Cada um tem seus desafios. Partilhei aqui alguns dos meus.

PRATIQUE A SIMPLICIDADE DE ESTAR JUNTO

Falar com as pessoas, escutar e construir junto é mais simples do que parece. Quando você joga os assuntos, começam a vir soluções e precauções, e isso desenvolve as pessoas. Para alguém em posição de liderança que está distante, a minha sugestão é: pare duas ou três vezes por semana para conversar com seu time, privilegiando bater papo, trocar ideias. Tome um café (eu prefiro chá), ofereça uns minutos de atenção, marque almoço. Vivo almoçando com meu time, muitas vezes na mesa de reunião mesmo. Entra a comida, saem o PPT e o XLS,[5] muda tudo – entendeu?

"Escute as pessoas, não importando seu cargo" é quase um chavão, mas a maioria não faz isso. O que eu sinto é que os líderes estão muito distantes do time deles. Não praticam a simplicidade de conversar ou resvalam para monólogos. É simbólico que ainda exista em muitas empresas esta cena: as pessoas saindo do elevador quando o CEO chega, e ele subindo sozinho. Que pena! São segundos preciosos para captar insights.

Ache a sua conexão. Viajar junto, almoçar junto, trocar ideias no trajeto para um evento... Os negócios mais promissores são construídos coletivamente. Para isso, as pessoas precisam poder se reunir, estar no mesmo espaço. Então, derrube paredes. Em vez de um sobrado, alugue uma casa térrea.

Todos nós já vimos empresários reclamando do time, só que nunca o escutaram na vida. E essas pessoas têm tantas contribuições a dar, várias inovadoras! Além disso, os problemas que elas trazem, muitas vezes, são rápidos de *você* resolver. Vou dar um exemplo.

---

5 Abreviaturas para os programas PowerPoint (PPT) e Excel (XLS).

Lançamos a nossa marca de lentes de grau, Chilli Vision, produzida pelo nosso parceiro no Brasil com tecnologia alemã. Quis ouvir dos vendedores como estava a receptividade dos clientes. No mesmo dia, em dois shopping centers na Zona Sul paulistana, colhi experiências opostas: enquanto um dizia que o cliente estava preferindo outra marca do mercado, que ele já conhecia, outro a 5 quilômetros de distância contava animado que estava vendendo bastante, por causa do peso da nossa marca.

Quando ocorre isso, a gente fortalece o treinamento. Inclui colocar esse vendedor que está se destacando para explicar ao outro quais são as práticas dele que estão funcionando. A Bárbara Amaral *[leia o depoimento dela neste livro]*, que tinha uma performance maravilhosa com relógios no Nordeste, fez muito isso com vendedores das outras regiões. E agora faz isso com as lentes e armações de grau. Percebeu que é simples? Vemos uma boa prática e multiplicamos.

Detalhe: saiu da boca do executivo ou do dono, tem força. Saiu da boca de quem também está lidando diretamente com o cliente, vendendo, tem força muito maior. São exemplos, referências da vida real, mesma língua. Dessa forma, você está levantando o moral da sua equipe, apoiando quem apoia você, ajudando o negócio e até gerando negócios novos para seu ecossistema.

Um erro comum dos líderes é se cercar apenas de seus executivos e esquecer da base da empresa. Sou daqueles que acreditam que boas ideias e inovação brotam de qualquer lugar, de qualquer pessoa.

PARA INOVAR, TEM QUE HAVER INCENTIVO

Construir junto com o time funciona, além de ser muito gostoso. É um trabalho em grupo. Se você não souber como estimular inovações, ache profissionais que cutuquem você, que digam: "Olha isso", "Sabia que...?", "E se fizermos daquele outro jeito?". Reflita comigo: ou você se torna um gestor que incentiva o time a beber águas diferentes, nem que precise ser cutucado para isso, ou acaba paralisando o negócio.

No departamento de design da Chilli, temos uma juventude "monstra" que formamos, e que me oxigena, inclusive. Aprendo com essa *galera* o tempo inteiro. *Taí* uma área em que ponho dinheiro, energia e foco. É no talento dessa geração que está um grande diferencial. Como faz a Apple? Design na Califórnia, produção na China… Fazemos um exercício constante, dentro de casa, para elevar o patamar do design que nossos fornecedores chineses materializarão depois. Tenho um *baita* orgulho do nosso design 100% brasileiro!

Tenho um programa de rádio, *Se Parar o Sangue Esfria*, toda quarta-feira na na rádio 89FM de São Paulo, a rádio rock, para disseminar nos empreendedores a ideia de que o negócio é um corpo vivo e de que eles precisam estar em constante conexão com as novas gerações – para aprenderem, junto comigo, diversas possibilidades de ver o mundo atual e futuro.

ACESSE O QR CODE E CONHEÇA O PROGRAMA DE RÁDIO.

Entrevisto muitos empreendedores, pequenos e grandes, gente que *manja* das tendências e do mercado e que vai lá dividir dicas aplicáveis nos mais diversos negócios. Foi no programa que surgiu o quadro Pinga Fogo, em que os ouvintes ligam e fazem perguntas para mim e para os convidados. Levei isso para as minhas palestras também.

Esse tipo de experiência, para mim, é o "elixir da juventude". Porque me rejuvenesce, renova as minhas ideias e visão de mundo. Nem sempre as pessoas trazem os assuntos que você quer ouvir. Mesmo assim, é importante incentivar sua equipe a expor suas ideias, facilidades e dificuldades no dia a dia do trabalho, para que você extraia informações e insights poderosos para aplicar no negócio.

Seu time, quanto mais sente que está no jogo, mais fica com você, mais se doa. Ele pega sua bandeira e defende como se fosse dele. Está comprovado que essa geração nova, quanto mais tiver oportunidade para opinar, para construir junto, para fazer a coisa acontecer, mais vai se envolver. É assim que a gente ganha o jogo. Por quê? Essa sensação de pertencimento, de gerar propósito em tudo, é mais valiosa do que metas ou objetivos de vendas.

CULTIVE O AMOR E A IDENTIFICAÇÃO

É da noite para o dia que você tem um time tão envolvido como o nosso? Que também é animado, contente, energizado e identificado com a personalidade da marca nos vários "Brasis" que formam o nosso país? Não. É uma construção, o que mostra na prática que a valorização das pessoas está no DNA da marca.

Mas é importante reforçar que esse movimento não exige feitos extraordinários de sua parte. De novo, são pequenas atitudes contínuas que fazem essa magia acontecer. Sabe como a gente conseguiu isso? Respeitando a pessoa do jeito que ela é, valorizando a diversidade do ser humano, especialmente para os jovens; aí é inevitável que eles queiram, sim, seguir junto com você.

Realmente, a gente consegue manter o DNA Chilli Beans nas mais de mil lojas e quiosques dos franqueados por meio de tudo que estou partilhando com você nestas páginas. Tenho muito orgulho de dizer que são 6 mil vendedores que amam a marca. Muitos vêm trabalhar nela por se identificarem com tudo que fazemos, com os nossos valores, posicionamentos, pilares.

Dar feedback sobre vacilos e melhorias é importante, mas na hora que o time entrega – e o meu acerta muito mais do que erra – é um prazer dar o crédito, o mérito. Muitas vezes, esse reconhecimento vale mais que dinheiro. Olhar no olho de todo mundo e agradecer, falar a quem se destacou "Você fez um trabalho incrível, parabéns", traz retornos impressionantes.

Todo mês, ao batermos a meta de vendas, temos a cerimônia da corneta. Subimos todos no terraço do prédio da sede da empresa, nos unimos, celebramos juntos e… soamos as trombetas da conquista. É um momento que energiza todo mundo, fecha um ciclo e causa aquela sensação de dever cumprido. Criar esses momentos de união com o time é dever do empresário, do empreendedor.

Ao longo do tempo, construímos uma linguagem que é falada no país inteiro por causa do DNA da marca, que a gente aduba ao estarmos conectados. O empreendedor de verdade sabe que só vai longe se tiver um time esforçado e apaixonado. E é grato por isso.

CONTRATE GENTE PREPARADA E FAÇA O DESMAME

Por tudo isso, contratação é assunto muito sério. Empreendedores que não conseguem desapegar das tarefas do dia a dia também não alcançam seu objetivo de crescer. Só me destaquei como empresário porque tenho profissionais incríveis do meu lado, que me passam confiança para delegar as questões operacionais.

Cansei de pagar salários que, se fizesse mais contas, acharia inviáveis. Foram para pessoas maravilhosas, que me ajudaram a construir a empresa. Então, recomendo fortemente fazer esse investimento em profissionais capacitados, porque eles fazem você voar. Conversam de igual para igual – e não apenas acatam o que você está falando.

Eles vão argumentar, apresentar um ponto de vista diferente, se colocar. E essa "colocada" vai tirar você da zona de conforto e exercitar uma relação honesta e simples entre pessoas. Você gostará mais de algumas visões do que de outras, e está tudo certo. Todos ganham.

Tive dificuldade de parar de querer controlar, dizendo como fazer isso e aquilo, e passar a delegar mais, confiando que o time resolverá o que for preciso, muitas vezes de maneiras diferentes da minha. Mas, quando fiz esse desmame, não me arrependi. Foi uma capacidade que desenvolvi, a ponto de ver que determinada ação vai *dar ruim* e deixar. É bom para o profissional ganhar experiência, amadurecer. Igual a gente faz com filho. Ninguém é perfeito, lembra? Mas pode melhorar. Talvez não esteja pronto, mas precisa apresentar potencial e brilho nos olhos ao falar da sua marca.

Transito nas várias áreas da empresa. Atuo no financeiro, claro, mas a minha energia forte hoje é no produto, no marketing (fortíssima!) e no comercial. Temos os lançamentos, discutimos como vamos comunicar e depois eu grudo nas vendas (não só a primeira, pois precisamos que os clientes voltem). É um processo natural. Não tenho formação acadêmica nessas áreas, mais uma razão para investir em capital humano.

Pense comigo: os negócios estão em constante disrupção e, para se reinventar, o gestor precisa de um time forte, que desenhe com ele as estratégias e as aplique diariamente. A gestão de sucesso é alicerçada por decisões compartilhadas, e não apenas saindo da sua cabeça e sendo informadas aos outros.

Não há garantias de que dará certo para ambos os lados. Já aconteceu de colaboradores não ficarem por estarem acostumados com outro estilo de trabalho. Ou por eu não ficar satisfeito com a velocidade da sua entrega e da sua comunicação com as outras áreas.

Sergio Auerbach, da nossa área de comunicação, logo que chegou à Chilli Beans, ressaltou que as pessoas se unem para resolver os problemas: "A Chilli tem uma acessibilidade grande, fundamental para o meu trabalho na comunicação. As demandas não ficam paradas mesmo. Todo mundo quer resolver. Pode até dar errado, mas prevalece a vontade de vencer os obstáculos. É uma empresa rápida em decidir e que não deixa o sangue esfriar".

Isso deveria ser normal no mercado de trabalho, porque dá agilidade, mas infelizmente o que se vê é muita vaidade e burocracia travando a troca de informações, ainda mais entre as áreas.

TREINE E FORTALEÇA O TIME

Em entrevistas e palestras, conto que essa identidade e engajamento dos funcionários com a marca ocorreu depois que entendi ser necessário passar para eles que é possível construir uma carreira dentro do varejo. Isso é fundamental para o jovem que está começando. Temos colaboradores que trabalham com a gente há sete, dez, quinze, vinte anos! Muitos cresceram até virarem fraqueados da marca, graças ao que aprenderam na prática do dia a dia.

Parlamento é o nome da nossa escola de varejo. Envolve um planejamento de cursos, com módulos que preparam o nosso pessoal para alçar novos desafios e cargos. Prezamos pela educação, queremos que todos cresçam, e sabemos que muitos esquecem o que foi dito. A repetição cria o hábito. Então, temos de treinar, treinar. Mesmo baseando os conteúdos nos nossos produtos, estratégia e história, várias empresas quiseram contratar o Parlamento, mas não conseguimos atender demandas externas.

Temos também o projeto Novos Talentos, intensificado durante a pandemia de Covid-19, que apoia talentos que trabalham na Chilli Beans, inclusive financeiramente, para torná-los franqueados. É um grande exemplo de ação ganha-ganha, que forma e dá oportunidade às pessoas, ampliando horizontes com base na sua sólida experiência e conhecimento da marca, contribuindo para o sonho delas.

Temos todo um histórico de profissionais que começaram como vendedores, subiram para gerentes e supervisores e hoje são franqueados. Imagine só... de vendedor a dono de franquia, com todo suporte da empresa. Onde mais isso acontece?

De fato, a gente alonga a estrada, dá perspectiva de futuro para quem vem trabalhar conosco. É um nível de envolvimento que não tem preço. Talvez esse seja um dos meus maiores orgulhos e um legado que me emociona até. Claro que todo mundo fica sabendo e aspira a esse mesmo sonho, alcançado, por exemplo, pela Bárbara Amaral

("Se ela começou como vendedora e hoje é consultora e franqueada, eu também posso").

Havíamos tentado isso nos anos 2010, mas sem a experiência que temos hoje sobre a estrutura necessária para que a empreitada se mantenha de pé. Admito que colocamos pessoas do nosso time em situações bem complicadas. Aprendemos a lição. Mais conscientes dos nossos erros do passado, reforçamos em 2021 com 100% de aproveitamento das escolhas – é só golaço, não tem um gol contra.

Para você ter uma ideia, um ex-supervisor de São Luís, no Maranhão, Esaú Duarte, assumiu franquias em Salvador inteira. O Eduardo Montejano, que também foi vendedor, em 2023 era franqueado com 30 lojas. Os passos do projeto são bem calculados. Tivemos uma evolução, uma maturidade. Fazemos contas e preparamos a pessoa para assumir. Estamos todos muito contentes com os impactos positivos desse projeto.

Temos total consciência de que as empresas que valorizam o desenvolvimento humano têm muito mais chances de reter talentos e de construir uma cultura organizacional inovadora. A propósito, a Chilli Beans é uma faculdade que já formou cerca de trezentos empresários. Criamos um departamento, apelidado de Vitamina C, com o intuito de dar suporte de gestão não só aos novos talentos, mas a todos os franqueados. É Vitamina C pois acreditamos ser "melhor prevenir…".

E isso inclui cuidar da saúde financeira. Quando fizemos esse investimento, a inadimplência praticamente zerou, e a performance dos nossos franqueados evoluiu. O ponto de atenção, vou abrir aqui: vários ganham dinheiro na Chilli Beans e começam a investir em outro lugar, aí detonam ambos os negócios. Alertamos para que não caiam nessa cilada e preservem o que conquistaram, por vários motivos. Um deles é que há uma equipe dependendo de que nós, então empreendedores, façamos uma gestão boa e responsável.

Na lupa do Caito
As turnês

O nível de envolvimento é muito especial quando você vai pessoalmente aos pontos de venda e conversa com as pessoas. Chamo de turnês minhas visitas às lojas e quiosques pelo Brasil todo, passando por várias no mesmo dia. E o que essas turnês revelam? Que não tem caminho melhor de conexão. Assim como os artistas precisam sair dos estúdios e estar próximos do seu público, interagindo em turnês, não devemos fazer gestão à distância, só olhando planilha, no ar-condicionado. O varejo se faz no chão da loja.

Digo com orgulho que conheço pelo menos 80% das mais de mil lojas e quiosques espalhados pelo país. E levo junto nessas visitas vários diretores e gerentes. São Paulo é onde há maior concentração, mas programamos saídas pelas cinco regiões do Brasil, numa agenda intensa de encontros com franqueados e suas equipes. Em cada loja, converso, principalmente escuto, dou prêmios aos vendedores e recebo tanto carinho comigo e com a marca!

ACESSE OS QR CODES E VEJA COMO É A EXPERIÊNCIA DAS TURNÊS PELO BRASIL.

In loco, geralmente identifico acertos e erros que estão sendo cometidos. A intenção não é apontar culpados, mas exercitar o aprimoramento do trabalho conjunto. Quando você põe a mão na massa, aparecem encrencas. Mas ninguém pode perder o foco no negócio. O ideal, claro, é prever com essas visitas problemas que vão acontecer, para arrumar com agilidade. Esse é um dos propósitos das nossas turnês.

Para serem o sucesso que são, há uma preparação. Por exemplo, recebo antes todos os indicadores de performance daquele ponto (desde a margem nas vendas até os salários praticados). Também levo um estudo de oportunidades que poderão ser implantadas. E, importantíssimo, nunca é uma visita-surpresa. Combinar com todos é uma demonstração de confiança, de crédito.

Por que eu apareceria de repente? Não estou desconfiando de nenhum vendedor, gerente ou franqueado. Eles sabem que estou chegando. Lógico que arrumarão a loja para me receber. Farão o seu melhor. Tudo bem. Quero ver o melhor deles. Acreditar nas pessoas faz, inclusive, que elas se abram sobre dificuldades que precisam vir à tona para serem sanadas. A ideia não é só receber elogios.

Acho superimportante mostrar que você acredita no trabalho que está sendo realizado. O líder tem de confiar no time e vice-versa. Surgirão erros, e vamos ajustá-los juntos. Surgirão oportunidades também – e vamos desenvolvê-las juntos. Conheço poucos empresários brasileiros que visitam seus pontos de venda e que estejam dispostos a verdadeiramente ouvir seus vendedores e gerentes. Uma boa parte que vai, fala, fala e só escuta o que quer. Não admite críticas. Ao agir assim, está perdendo seu tempo.

Fazer visitas tornou-se um hábito que, para mim, é eterno. Há uma linguagem própria desenvolvida pelos vendedores, com palavras, gírias, analogias... Ao compreendê-la, nossa comunicação foi ficando cada vez melhor. De tanto escutá-los, senti que aprendi uma língua nova. Essa e outras atitudes minhas repercutem que nem pólvora, pois prestei atenção ao que falavam e anotava tudo! "Relógio com caixa um pouco menor", "Mais óculos para usar nos esportes", "Embalagem diferenciada", "Produtos sustentáveis"...

Eles ficam maravilhados quando recebem o feedback de que vamos implantar boa parte das sugestões. Certa época, uma forte desvalorização do real em relação ao dólar me fez aumentar o preço do relógio. Estava na segunda loja, das sete programadas para o dia, em Osasco, na Grande São Paulo. O gerente, um rapaz que eu adoro e que havia se mostrado um dos melhores vendedores de relógio do estado de São Paulo, ficou com os olhos cheios de lágrimas e falou: "Já fiz de tudo para vender relógio, inclusive falar do valor agregado, mas, por causa desse preço atual, a minha venda despencou".

Se não escutasse o meu gerente, escutaria quem? Na mesma hora, falei: "Esta turnê está cancelada. Vamos voltar para o escritório e fazer mil contas para mexer nesse preço".

Realmente, vou às lojas e tenho um alerta atrás do outro. Não só de dificuldades, mas também de boas sacadas. Os vendedores estão cara a cara com os clientes, vendo e ouvindo as reações. Fico sabendo, por exemplo, quais produtos eles não tocam, não experimentam, nem olham. E também aqueles que atraem a atenção e são vendidos com facilidade.

Pergunto se está funcionando colocar o preço daquela forma, se a comunicação da campanha institucional é bem entendida, e assim vamos construindo. Coisas que funcionaram seis meses atrás talvez não funcionem mais hoje. Numa hora, a preferência era pelo verde; depois, pelo azul. E tudo bem. É assim o varejo. Ele é mutante. E a gente tem de se acostumar com isso.

O seu vendedor está dizendo que há uma tendência, um comportamento novo, um momento diferente... Então, as visitas precisam ser regulares. E não caia na cilada de achar que é assim só no meu negócio. É em todos. Se você tem três pontos de venda em bairros da mesma cidade, já vive isso que estou explicando. E precisa se preocupar com as constantes mudanças.

De novo, ouvir os profissionais de cada espaço relacionado ao seu negócio, por mais que seja cansativo, é muito importante. Se você ficar só no escritório, como vai saber o que está funcionando e o que não? Por isso, escutar. Por isso, construir. Por isso, enxergar essa rotina como oportunidade. É uma fonte rica em informação para o crescimento do seu negócio.

A cada hora, tem algo acontecendo em um ponto de venda; e você precisa aproveitar essas mudanças para melhorar, criar, ajustar um pouco mais. Tem coisa em que conseguirá mexer no dia seguinte à visita; outras, até seis meses para implantar. Mudança em produto, por exemplo. Quanto mais você dá esse exemplo como dono, mais portas se abrem, porque as pessoas começam a falar e a querer cooperar com seu resultado. E aí, conectou!

Márcia Brasil, consultora sênior de franquia do Nordeste

Quando o varejo está no sangue e você se dedica, tem muitos momentos para comemorar. Aos 17 anos, como vendedora, meu ápice foi ter dado o primeiro passo para a minha independência financeira. Amo o que eu faço e, desde o primeiro contato com a Chilli Beans, sempre tive um desafio novo. Durante quatro anos, fui gerente de pontos de venda de um franqueado de Salvador, presente em quase todos os shopping centers da cidade.

A minha história com a marca teve início em 2002, como "extra" de Carnaval – trabalho temporário nessa época em que a Bahia ferve com tantos turistas. Foi em uma loja multimarcas, do primeiro franqueado de Salvador, que havia colocado um display na parede com oito modelos de óculos escuros. Conclusão: vendíamos muito mais Chilli Beans do que as roupas e os acessórios das outras marcas. Em pouco tempo, havia metade de um quiosque dentro da loja, o que fez as vendas de óculos explodirem.

Ele abriu um quiosque Chilli Beans no Shopping Aeroclube, migrando depois para loja, e me propôs ir para esse shopping como a vendedora responsável (VR). Só que eu encontrei uma realidade bem diferente. No Shopping Barra, os clientes gostavam de produtos diferenciados e conceituais. Então, era mais fácil de vender. As pessoas entravam na loja atraídas pelos looks completos que a gente montava, combinando com os óculos.

O começo nesse quiosque foi desafiador. O público estranhava a irreverência dos óculos, parando para tirar fotos com vários modelos no rosto, sem comprar. Até que o negócio pegou. Muito porque a marca estava mais conhecida, devido a seu posicionamento em Salvador e em várias outras cidades do Brasil.

A ousadia e a irreverência da marca estavam em campanhas que movimentavam o nosso espaço. Exemplo disso foi uma das primeiras campanhas, "Peladas", com duas modelos nuas em cima de uma moto, usando óculos Chilli Beans. O pessoal passava e comentava, até as freiras de uma igreja próximo ao shopping repararam... e se benzeram. Causou uma enorme repercussão, e tivemos que colocar uma placa de "censurado" por cima da imagem, aguçando a curiosidade das pessoas e levando a marca a ficar mais conhecida na cidade.

Outra campanha que fez sucesso com os clientes foi a dos olhos de animais, "Para todas as espécies". As pessoas entravam na loja para tirar fotos perto do banner, igual ao que fazem hoje em espaços instagramáveis.

Em outubro do mesmo ano, meu gerente foi para outro shopping de Salvador; com isso, fui promovida à gerência. Explorávamos várias tecnologias que muitos no varejo não tinham, como o espelho digital (para testar os óculos, tirar foto e enviar a um amigo). Mas o principal de tudo era o formato da loja, com nenhum produto trancado. Era permitido tocar e experimentar.

Imagine essa possibilidade num shopping onde também havia um comércio de abadás de blocos de Carnaval. Nesse período, a nossa loja explodia de gente querendo escolher óculos para combinar. Eu pensava "Deus do céu, me mantenha viva até a noite". Solzão em Salvador, vendíamos como se fosse um segundo Natal. Já pensou nesse povo entrando numa ótica convencional e ouvindo "Senta aqui, que eu vou pegar alguns modelos de óculos no armário para te mostrar"?! Não ficariam.

A visão do Caito engloba tudo isso, captando rapidamente o que podíamos melhorar para testarmos. Ele sempre pensou muito à frente do que existia no varejo e no próprio segmento óptico. Sabia que aquilo que enxergava antecipadamente aconteceria, e, assim, conseguia "vender" suas ideias de uma forma tão bacana, que engajava. Precisamos nos movimentar com assertividade, planejamento, direção. Mas é de um jeito lúdico que a gente vai lá e faz acontecer.

Em 2007, mais um degrau, a supervisão; passados seis anos, a gerência comercial. Ao todo, trabalhei com aquele franqueado da Bahia por doze anos. Mas minha história não se encerrava ali. Em 2014, tive a oportunidade de trabalhar na franqueadora como consultora júnior e, hoje, sou sênior, dando suporte às franquias do Nordeste.

> **PRECISAMOS NOS MOVIMENTAR COM ASSERTIVIDADE, PLANEJAMENTO, DIREÇÃO. MAS É DE UM JEITO LÚDICO QUE A GENTE VAI LÁ E FAZ ACONTECER.**

Não foi por acaso que a Chilli Beans progrediu tanto! O Caito sempre mostrou que tudo é possível quando você se envolve e entrega o seu melhor. Que não há limite para o seu sonho, que será alcançado se você se planejar, se dedicar e não parar. Ele tem um contato intenso com as equipes: manda vídeos, conversa, visita, premia, parabeniza no Natal ou quando recebe o resultado do ano. Essa conexão é revigorante.

Sua liderança, disciplina e sensibilidade são admiráveis. Sou suspeita para falar desse empreendedor que admiro tanto! O Caito sempre consegue passar sua mensagem visitando as lojas do Brasil e ouvindo a todos, dos vendedores aos franqueados, com o mesmo interesse, sem nunca fazer distinção. Com certeza, isso foi muito importante para o que é a Chilli Beans hoje.

As turnês são oportunidades incríveis de receber essa energia dele e da marca. Viraram um marco. Assim como a Superdose, que é a convenção anual da empresa, quando comemoramos tudo que construímos no ano anterior e conhecemos as principais novidades para o ano que começa. Participei de todas as edições. Na primeira, realizada em um navio, em 2012, quando ainda trabalhava para aquele franqueado, ganhei o prêmio de melhor supervisora do Brasil.

Nesses eventos, o Caito empresta sua força e alma de músico para comunicar, com muita arte e magia, tudo o que precisamos saber.

A Chilli Beans valoriza a diversidade. Você pode trabalhar mantendo seu estilo, sua essência, contanto que esteja caminhando junto com o que a marca preza: agilidade, cuidado com as pessoas, "pimenta na veia".

É uma escola que frequento desde 2002. Aprendo muito e vou ganhando know-how sobre o negócio. Sou grata por tudo que já conquistei trabalhando na Chilli Beans e por esse cuidado que há com as pessoas. O amor e o carinho que tenho pelo Caito, pela empresa e por todas as pessoas com quem tive e tenho contato é genuíno. Também pela marca, por cada experiência e aprendizado.

Bárbara Amaral, coordenadora de franchising Ótica Chilli Beans

Maceió, dezembro de 2005. Entrei na marca com aquela perspectiva comum de quem vai para o varejo: passar um tempo ali para dar um start na vida profissional, enquanto cursava faculdade. Shopping é um lugar que abre muito as portas para o primeiro emprego. Só não imaginava que a Chilli Beans seria meu primeiro e único.

A marca tem um plano de carreira que funciona. Acontece, é real. Isso faz a gente olhar para o negócio e pensar: "Vale a pena me esforçar e me dedicar aqui". Era vendedora e me apaixonei por aquele universo do varejo: atendendo, estando próxima dos clientes e vendendo muito. Trabalhava para franqueados que me promoveram a outros cargos. Fui vendedora responsável (VR) da loja deles em Maceió, e, depois, gerente de outra que compraram em Aracaju, em 2007.

Mesmo após me formar como turismóloga, continuei na Chilli Beans pela certeza de querer fazer do varejo a minha profissão. Não fiquei lutando contra isso. No varejo, é comum encontrarmos pessoas que gostam do que fazem, do contato com cliente, da adrenalina de bater meta, da alegria de alcançar resultados, mas não entendem que aquilo é uma profissão digna.

A profissão de vendas é muito subestimada no mercado, mas eu estava apaixonada e queria ver para qual patamar essa carreira me levaria. Fui gerenciar uma loja pela primeira vez em outro estado, onde tive bons resultados e me destaquei. Até que fui promovida a supervisora de uma dezena de lojas de franqueados, ocupando essa função por seis anos, tendo contato com as demais equipes da empresa.

Eu me destacava muito na categoria de relógio. Havia abraçado esse lançamento na época, e isso se refletia nos números de vendas da minha equipe. Realmente "comprei" muito rápido a ideia de vender relógios da marca; feliz com a entrada dessa categoria no portfólio. Houve uma identificação, não sei explicar de onde veio. Eu me apaixonei pelos modelos e estimulei o meu pessoal: "Vamos fazer isso acontecer".

Daí, todo mundo queria saber o que a gente fazia para conseguir um resultado tão fora da curva. Pois os clientes entravam para comprar óculos, e fazê-los comprar relógio era mais desafiador. A gente precisava acreditar e gostar da peça. A partir dessa afinidade inicial, fomos aprendendo como ofertar. Isso me trouxe visibilidade dentro da marca. Eu levava nosso método de treinar equipes para alguns estados, muitas vezes a pedido de outros franqueados. E a minha voz tinha relevância também nas reuniões com demais supervisores – não só com relação à categoria relógio.

A Chilli Beans até hoje reúne supervisores do Brasil para participar do processo de escolha das coleções que vão para as lojas. E, devido à minha afinidade com a categoria relógios, sempre era convidada para essas escolhas de coleção, ficando em contato direto com o Caito.

Ter conseguido resultados muito bons nas lojas que supervisionava me trouxe outra oportunidade: ser convidada para atuar na franqueadora, no time de consultores. Atendia a região Nordeste inicialmente, a fim de garantir os padrões da marca, dar treinamentos, acompanhar resultados e auxiliar na inauguração de lojas. Mais uma vez a minha carreira foi tomando um outro corpo. Quanto mais você se expõe, mais conhece, mais aprende, mais se desenvolve e desenvolve outras pessoas.

Passados dois anos como consultora, me tornei coordenadora de franchising da Chilli Beans. Além de coordenar os consultores, em outubro de 2021 – em meio a uma pandemia – fui convidada para fazer parte do projeto Novos Talentos, recebendo da franqueadora uma retaguarda financeira para abrir uma Ótica Chilli Beans em dezembro do mesmo ano.

Eu opero, coloco todo o meu talento de vendas e a minha experiência com a marca ali, e a franqueadora faz a gestão financeira do negócio. O Caito sabe o quanto gosto de sair da minha zona de conforto, tinha visto como meus olhos brilharam quando surgiu o negócio

> **QUANTO MAIS VOCÊ SE EXPÕE, MAIS CONHECE, MAIS APRENDE, MAIS SE DESENVOLVE E DESENVOLVE OUTRAS PESSOAS.**

Ótica e o quanto achei o projeto incrível. Lembro que na época pensei: "Caramba, isso é o futuro, e vai me fazer aprender mais".

Ser uma franqueada não estava nos meus planos, mas abracei a oportunidade e consegui ter um resultado bom na ponta, ainda mais com um produto novo, muito por causa da experiência acumulada em varejo desde o cargo de vendedora. Quando embarquei no Chilli Mob Cruise 2023, já tinha uma loja e dois quiosques, conciliando com o emprego de coordenadora nacional de franchising focada nas óticas.

Compartilho com outros franqueados justamente o que me faz ter bom desempenho nos meus pontos de venda e como podemos vender mais. Nas minhas consultorias, sempre falei muito de pessoas, assunto desafiador para os empresários que ficam muito atrás de planilhas, achando que basta contratar e dizer "vai lá e faz". Às vezes, falta tato para lidar com a equipe; além da resistência de investir em treinamentos.

O que eu preguei durante todos esses anos precisa funcionar nos meus pontos de venda. Fico feliz porque os franqueados confiam no que eu digo e mais ainda no que faço nas minhas óticas. Eu já sabia a "receita do bolo", e agora também sinto as mesmas dores deles.

É um momento muito rico. Estou aprendendo sobre o mercado ótico de duas formas: do lado consultora/coordenadora, contribuo para formatar o negócio das óticas e luto para que se expanda o mais rápido possível; e do lado franqueada, enfrento os desafios de equalizar contas, manter um bom relacionamento com os shopping centers, formar e desenvolver equipes e ter um resultado financeiro positivo no negócio. Utilizo as duas experiências para prospectar o futuro, aberta às oportunidades que eu possa ter também como franqueada, crescendo junto com a Chilli Beans, que está cada vez mais globalizada.

Uma pergunta que me fazem frequentemente é se quem tem a loja vermelha vai se dar bem com a Ótica também. Claro que dá para replicar a experiência, equilibrando os pontos em comum e identificando as diferenças de foco e de público. Não necessariamente as ações são iguais. Falando de Chilli Beans propriamente, administrar os dois negócios de uma mesma franqueadora facilita, principalmente por causa do relacionamento e da sinergia com a marca.

Sei que a minha história inspira milhares de vendedores, e uma pergunta bem comum dessas pessoas da ponta, de frente de loja, é: "Como chegar lá? Como atingir esse ponto da carreira? Como ir de vendedora a franqueada e ainda consultora/coordenadora da mesma marca?". A primeira coisa que digo é que escolhi a minha profissão, e a partir daí precisei passar por todos os processos: treinei, me desenvolvi como profissional, fui ocupando novos cargos e, por fim, brinco dizendo que estava no lugar certo, na hora certa, fazendo as coisas certas quando a oportunidade do projeto Novos Talentos surgiu. Sem colocar dinheiro, que é o mais importante, porque a minha vida financeira foi melhorando conforme eu ia sendo reconhecida pelos meus resultados, dedicação e amor pelo varejo.

O mais desafiador foi que me lançaram no novo negócio da marca da seguinte forma: "Agora você é da Ótica. Põe a mão na massa e vamos ver o que vai acontecer". Confesso que senti muita ansiedade no começo. A minha principal missão como franqueada é praticar o que falo como consultora/coordenadora e inspirar com o meu exemplo. Quero transmitir que, seguindo as orientações da franqueadora, vai dar certo. Senão, qual o sentido de estar dentro de uma franquia? Assumo a minha responsabilidade. A Chilli Beans me ajuda, mas são meu nome e meu negócio que estão em jogo. É para valer!

Participei de um treinamento de uma empresa que presta consultoria a diversas franqueadoras, e lá ouvi uma frase muito interessante:

"Estar em uma franqueadora é clonar prosperidade". Ou seja, você só escolhe esse caminho porque sabe que aquele modelo foi testado e aprovado pelo mercado e pelo consumidor. Mesmo assim, é desafiador fazer que as pessoas entendam que os direcionamentos e os padrões são para favorecer o resultado.

Minha grande ansiedade e mérito, como franqueada, é seguir à risca o que a franqueadora pede, indica e orienta e, assim, conquistar um resultado muito mais rápido. A gente precisa testar continuamente se o que é falado é o que realmente funciona. Esse é o pensamento que qualquer pessoa que investe em uma franquia deveria ter. E isso significa respeitar minimamente esses processos.

Vi nesse mesmo treinamento que todos os franqueados que tinham os melhores resultados seguiam os processos e eram bem alinhados com a franqueadora.

Na pandemia, eu ainda não era franqueada. Foi bem nesse período que tive a oportunidade de abraçar o desafio do negócio Ótica. Fiquei receosa de que algo do tipo voltasse a acontecer, pois vi na pele o que os franqueados e a franqueadora passaram. Pude vê-los cheios de incertezas e extremamente preocupados com o futuro do negócio e até com dúvidas de que a marca conseguiria se manter viva. Foi um momento muito duro para todos.

Do fundo do meu coração, digo que a Chilli Beans foi perfeita conosco – no sentido do cuidado com o lado humano. Ficamos bem, ficamos em casa quando necessário e respaldados financeiramente. Isso tudo foi muito importante para passarmos por essa fase difícil; uma confirmação de que estávamos trabalhando no lugar certo.

Também tivemos de aprender rapidamente como vender pelos meios digitais, trazendo conhecimento externo e cases de franqueados para replicarmos e, assim, fazermos minimamente um giro financeiro. Foi um movimento estratégico importante para implantarmos, numa velocidade impressionante, esse universo virtual na rede. Aprendíamos de um lado e ensinávamos como fazer do outro. Hoje, estamos melhores.

MARCA: CRIE RELAÇÕES E CONQUISTE EMBAIXADORES

▲ Imagem de campanha institucional Chilli Beans gerada por IA – 2023.

AS PESSOAS ME PERGUNTAM: "VOCÊ SEMPRE SOUBE DE MARCA? Desde sempre teve essa consciência?". Bem, de jeito nenhum. Quando comecei, não sabia nem o que era marca. Fui trazendo vários profissionais para trabalhar comigo, e eles ficavam me ensinando. Eu pagava quase nada a uma agência de propaganda, que também estava iniciando, porque não tinha dinheiro. Ganhei um voto de confiança da dupla fundadora dessa agência, até que consegui alcançar o fortalecimento do que seria a Chilli Beans no mercado.

O sócio dessa agência, que sempre esteve comigo, não se preocupava em me agradar, e fazia questão de me fazer pensar. Ele me cutucava:

— Seu logo não tem leitura e nem sex appeal. Qual mensagem você vai associar à sua marca? Que conceito quer passar aos seus clientes?

— Quero vender óculos — eu respondia.

— Então vou te ajudar com isso.

Esse típico questionamento que uma agência de propaganda faz direciona a sua atenção para aspectos interessantes que talvez você ignore, por ficar mergulhado nos desafios do dia a dia para a operação girar. O sócio dessa agência era o Zé Caporrino, que está comigo até hoje.

Digo e repito: a marca é seu principal ativo, não importa o produto ou serviço que você venda. Preocupar-se com a sua é fundamental para criar coesão e crescer, em vez de parecer mais do mesmo, igual a muitas empresas que surgem, fazem barulho e depois somem. Anota aí: marca é o que garante vida ao seu negócio nos anos que virão pela frente.

Nesse investimento de marca, ou branding, você precisa ter um pouco de paciência, de "sangue frio" até (mesmo me contradizendo), tendo em vista os ganhos lá na frente. Não é como um produto que anuncia hoje e vê as vendas subirem já no dia seguinte. Quando faz campanha pondo holofote na história/mensagem da marca, o retorno vem a longo prazo. É uma construção institucional que você faz durante anos e anos. Mas tudo é recompensado, pois a sua marca se destacará no mercado de um jeito impressionante. Fazemos isso há 25 anos e acho que é uma das razões de estarmos aqui até hoje, enquanto muitas desapareceram.

Nos grupos de imersão com empresários, que faturam 70, 100 milhões por ano eu sempre (como teste) pergunto quantos têm uma agência de propaganda para ajudá-los nisso. Apenas 20% respondem que sim. Muitos empresários não trabalham tão bem a marca, não se preocupam em fazê-la ser conhecida, admirada e lembrada, justamente porque querem retorno rápido. Ainda por cima, acham que isso é custo, despesa.

Pois é, vejo um percentual ainda baixo de empreendedores tendo essa consciência da necessidade de fazer um investimento longo e consistente no seu principal ativo – e aí está uma oportunidade gigante. *Mano*, não tem preço já vir o nome da sua marca de cara, logo na primeira tela, quando as pessoas pesquisam no buscador algo relacionado à sua atividade.

Quando a marca faz parte do alicerce do negócio, ele fica menos vulnerável a crises e outras (más) surpresas. O melhor exemplo disso tivemos com a pandemia de Covid-19. Quem tinha uma marca forte e conhecida suportou melhor aquela fase terrível para todos. No nosso caso, foi o que nos salvou!

Descobrimos, com todas as nossas lojas fechadas e tendo como único ponto de venda o e-commerce, que no Norte e Nordeste as pessoas não digitavam "óculos escuros" no buscador do Google. Elas colocavam "Chilli Beans" até quando pensavam em comprar Ray-Ban, que é outra marca.

Todo o investimento que fiz em marca ao longo de mais de vinte anos foi recompensado com uma retomada impressionante quando o isolamento social e os números da pandemia foram diminuindo. A Ótica Chilli Beans, criada em 2018, foi expandida em 2021 e já está com trezentas lojas.

Isso é o poder da marca. E que bom que me liguei sobre esse poder ainda cedo…

Lembra que contei, lá no início deste livro, que a Forum me encomendou 18 mil óculos? O fundador da empresa, Tufi Duek, disse que me adiantou o dinheiro porque foi com a minha cara. Aí abri uma importadora de óculos escuros, chegando a atender, no atacado, 250 empresas de moda. Só que eu era um vendedor de commodities. Tinha uma margem de lucro bem baixa, e isso só mudou a partir do momento em que criei uma marca com personalidade própria.

Foi depois que fali, por inexperiência com gestão e mais dois calotes, e encontrei no sensacional Mercado Mundo Mix uma saída para vender o meu estoque. Funcionou como uma faculdade de varejo. Ali, testava formas de atrair consumidores e me adaptava com rapidez a todo tipo de surpresa.

Foi nessa feira de moda itinerante, multicultural e de vanguarda, criada em 1994, que entendi o valor da marca e comecei a desenvolver a minha. Muitos que estão hoje no São Paulo Fashion Week começaram lá. A marca deles e dos outros participantes ficava visível para todo mundo, e eu não tinha uma para exibir nas minhas duas primeiras

MARCA É O QUE GARANTE VIDA AO SEU NEGÓCIO NOS ANOS QUE VIRÃO PELA FRENTE.

edições. Como contou neste livro o Zé Caporrino, a quem confiei criar a jato uma arte para pôr no meu estande na edição de Curitiba, a Chilli Beans foi impulsionada por vários fatores.

Entre eles, destaco esse ambiente efervescente das décadas de 1980 e 1990; a chance de vender na Galeria Ouro Fino, na rua Augusta; as festas rave; a abertura de quiosques; o mesmo modelo inédito do autosserviço nas lojas; a excepcional aceitação – e procura – de franquias; o desenvolvimento dos pilares música, moda, arte e geek; a expansão pelo Brasil e pelo mundo até se tornar a maior de óculos escuros da América Latina. Ganhamos o planeta.

No início, o logo parecia mais uma berinjela vermelha do que uma pimenta, mas já anunciava a nossa irreverência. Foi evoluindo, junto com todo o conceito que construímos e transmitimos ao mercado: o de ser uma marca democrática, ágil, apimentada e com estilo próprio de vender e se expressar. Uma marca que encara os óculos e os relógios como acessórios de moda colecionáveis, para vários momentos e gostos. Que é olho no olho, sem nunca deixar o sangue esfriar.

Hoje, a marca fala por si. Você pode até não ser meu cliente, mas certamente conhece a marca e já passou por uma de nossas lojas nos shopping centers. Esse investimento mais institucional contribuiu muito para tudo isso começar a acontecer, e é o que todos os empreendedores brasileiros precisam fazer. O grande lance é colocar a mão na massa para ir aperfeiçoando (e mostrando) os seus diferenciais, seu posicionamento, trazendo propósito.

Sempre que olho para trás, comento que, quando a banda Las Ticas Tienen Fuego acabou, foi bom para o Brasil, porque todos lá criaram marcas importantes, geramos empregos e tal. Fundei a Chilli Beans. O outro guitarrista fundou a cerveja Devassa. E o baterista fundou uma marca de moda muito conhecida, especialmente em São Paulo, A Mulher do Padre.

VÁ ALÉM DE UM LOGO E UM NOME ATRAENTES

Tudo isso posto, fica claro que investir na criação da marca é uma decisão estratégica, e ela não se limita a logotipo e nome atrativos.

A marca está diretamente ligada à percepção que se quer passar ao público. Para que seja autêntica e impactante, deve estar baseada em princípios claros (não pode ser cada dia de um jeito) e deve "conversar" com:

- ✓ seus valores;
- ✓ sua conduta ética;
- ✓ seu propósito;
- ✓ a qualidade do seu produto/serviço;
- ✓ sua comunicação/atendimento.

Fazer esse checklist é muito gostoso – e é todo dia, para ter constância, virar hábito. Você deve acompanhar de perto o que está acontecendo com a marca para entendê-la cada vez melhor e ir reforçando a mensagem dela dentro (para seu time) e fora (para o mundo externo).

ACIONE SEU LADO QUESTIONADOR

Por ser um exercício constante, como analisar e perceber que é hora de reciclar sua marca? Uma atitude que costuma funcionar é pegar um profissional que esteja fora do seu mercado, ou com algum distanciamento do seu negócio, para questionar com maior liberdade a sua marca. Muito provavelmente, serão colocadas na mesa perguntas que, num primeiro momento, podem incomodar, mas que serão norteadoras para clarear seu caminho:

- Como está a sua marca no mercado? Forte? Fraca?
- Qual é a mensagem que ela está passando? O que transmite?
- Como está o seu logotipo?
- Quais são os fundamentos da sua marca?
- Seu time conhece bem esses fundamentos? Ele os apoia e os transmite?

Quando é preciso explicar a marca, há algo errado. As pessoas devem entendê-la facilmente. Portanto, ao fazer esses questionamentos você estará diante de uma incrível oportunidade de crescimento, e deixará muitas empresas brasileiras que ainda não fazem esse trabalho *"comendo poeira"*.

ACHE SEU LUGAR NA CADEIA

Nesse ponto, considere analisar três tipos de relação com a marca: a do time, a dos clientes e também a sua. Vou dividir com você uma experiência que aconteceu comigo.

Para fazer a empresa crescer, anos atrás, vendemos 29% de participação para o fundo de investimentos Gávea. Na negociação, ficou acertado que eu precisaria abrir mão de todas as minhas lojas próprias (cheguei a ter 150 lojas, mas estava com 129 naquela época). Eu era apaixonado por elas. Parecia que estavam me pedindo para entregar meus filhos. Pensei: "não vou vender de jeito nenhum".

Acabei sendo convencido. Hoje, essas lojas faturam 30% a mais na mão de franqueados. Por quê? O empreendedor tem que achar o lugar dele na cadeia, a sua grande função no negócio. Eu, Caito, não sou fabricante, não sou varejista. Sou gestor de marca, é essa a minha grande função. Na hora que enxerguei isso, a minha preocupação, a minha energia, as minhas ações ficaram focadas nesse lugar, e o meu negócio voou.

É importante que você tenha essa consciência. Descubra qual é a coisa que você faz muito bem e concentre-se nela, em vez de querer abraçar todas as partes, estar em todos os lugares e funções. Pense em como você realmente fará a diferença no resultado e ache parceiros, colaboradores, fornecedores, amigos para tudo mais que importa.

Se estiver com dificuldade, procure naquilo que acha mais prazeroso fazer; dá certo, e você ainda é elogiado. Descubra o que faz seus olhos brilharem, e se especialize nisso. Vejo muita gente perdendo dinheiro, foco, energia e tempo por não se posicionar estrategicamente na sua cadeia.

Agora, no que diz respeito ao modo de produção em que você se encaixa, um excelente exercício para se fazer, mas que muitos demoram a perceber, é analisar diferentes jeitos de fabricar o produto que você vende. Falando do mercado de óculos, mesmo tendo parcerias de longa data na China, achei materiais interessantes na Coreia do Sul, e logo vislumbrei aproveitá-los em futuras coleções que, certeza, *bombaríamos* de vender.

Quantos empreendedores viajam para ver o que está acontecendo em outros lugares? Isso é uma coisa que nunca parei de fazer. Empreendedor raiz está sempre farejando oportunidades aqui, ali e lá longe ("O que você tem aí para me ven-der?"). E faz as contas, para decidir se vale mais a pena fabricar ou terceirizar.

Não quero de jeito nenhum despresti-giar as fábricas. Muita gente ganha dinheiro com elas. Mas, para mim, a liberdade de comprar onde eu quiser não tem preço. Vale lembrar que a Nike praticamente não tem fábrica, terceiriza sua produção em muitos países. Só para você saber, já tentaram me passar duas fábricas de óculos escuros, e não quis nem de graça.

Fiz as contas e concluí ser melhor para o meu negócio continuar trazendo da China e de outros países. Nenhuma fábrica no Brasil conseguiria chegar à margem de lucrativida-de que tenho dessa forma. O meu lugar na cadeia é outro: colocando minha energia no crescimento da marca e investindo alto no de-sign, na criação das coleções que meus par-ceiros produzirão, para fomentar o varejo e o empreendedorismo.

Nas minhas mentorias, quando sinto que o empreendedor tem "cabeça" de fábri-ca, incentivo a focar nisso. Quando percebo que tem veia de vendas, incentivo a fechar a fábrica, terceirizar a produção e focar na alma do varejo. Cada caso tem a sua par-ticularidade. Em cima de tudo isso, continua existindo o exercício da marca, com o tipo de pergunta que já citei, sobre a mensagem que ela está passando, sobre o logo etc.

Não me arrependo de maneira alguma de ter vendido minhas lojas. Pelo contrário, hoje tenho uma gestão leve, simples, porque sei *em que* vou colocar energia: no desen-volvimento da marca e de produtos. Não é

DESCUBRA QUAL É A COISA QUE VOCÊ FAZ MUITO BEM E CONCENTRE-SE NELA.

em negociar aluguel em shopping centers, que é uma das funções do franqueado. Digamos que ele tenha cinco lojas, vai botar energia para tirar o máximo de "suco daquela laranja".

Donos de fábrica, donos de pontos de venda (franqueadas ou próprias) e gestores de marca habitam mundos diferentes. Eu, dono da Chilli Beans, terceirizo toda a produção. Chineses são excelentes parceiros para materializar tudo que desenvolvemos na nossa sede, em Alphaville, na Grande São Paulo. Fabricar é o negócio deles. Não é o meu negócio. E você?

- Qual é o seu negócio ou lugar na cadeia?
- Qual é o seu objetivo com o seu negócio?
- Quer colocar sua energia em quê?

CONQUISTE FÃS, EMBAIXADORES, *LOVERS*

Muitas vezes, entramos em empresas e encontramos profissionais que não sabem de onde ela veio e nem para onde está indo. Esse é um ponto de atenção para os líderes, pois a conexão de seu time com a marca pode fazê-la perder ou ganhar relevância no seu mercado.

A marca deve carregar um posicionamento que conquiste embaixadores. Os maiores que nós temos são os nossos vendedores, supervisores e gerentes, muito mais do que as celebridades. Essas pessoas nos representam pelo Brasil inteiro e vão multiplicando a nossa história com brilho nos olhos e um atendimento especial. Isso cativa tanto os clientes, que eles retornam!

Para mim, embaixadores são todos os que atuam nos pontos de venda e vibram com o que apresentamos nas nossas convenções, aqueles que me recebem com o maior carinho nas visitas às lojas e me dão uma porção de toques produtivos. Pessoas que expressam de maneiras lindas o seu orgulho de trabalhar na Chilli Beans. O engajamento delas me emociona.

É até difícil explicar para os outros o vínculo que o nosso time estabelece com a marca. Nosso trabalho de branding (criando conexões, despertando sensações...) e de persona (percebendo nossos perfis de clientes) é tão bem amarrado que tem alcançado uma legião de fãs pelo país. Somos umas das raras marcas brasileiras que as pessoas tatuam na pele. Em palestras, mostro fotos do logo e/ou nome Chilli Beans gravados no braço delas e brinco: "Alguém já viu funcionário com tatuagem do Posto Ipiranga? Se sim, me conte".

É uma prova de que estamos em sintonia com o time. Por respeitarmos cada um do jeito que é e darmos liberdade para construir junto essa marca com a qual a pessoa se identifica, vender é uma consequência natural. E esse amor só cresce quanto mais os colaboradores curtem os produtos e as ações resultantes da sua cooperação.

Um posicionamento nosso é ser uma marca com espírito jovem, e isso não tem a ver com idade. É muito como me sinto, livre para me comportar de uma maneira despojada e me vestir num estilo esportivo e colorido para trabalhar. Sei que imprimo uma identidade um pouco fora do padrão do empresário típico, e os embaixadores gostam disso tanto quanto eu.

No começo, era o patinho feio do mercado, mas isso está mudando. A própria palavra "padrão", na minha visão, está derretendo. Que padrão é esse que a gente deveria seguir? Muito melhor é respeitar a sua essência e autenticidade. É isso que a nossa marca valoriza. Ela tem por princípio acolher profissionais talentosos que, por não corresponderem ao tal padrão esperado, poderiam ser discriminados em outros locais de trabalho, e conquistar *lovers*.

Temos também um milhão de clientes que se tornam Chilli Lovers, é como chamamos os que compram mais de três vezes por ano. Fazemos ações exclusivas para essas pessoas que gostam da nossa marca, e oferecemos descontos especiais, presentes, convites... Queremos estar juntos com os fãs da marca, cada vez mais.

Outra coisa bem legal são as parcerias educacionais. Além de Harvard, somos procurados por várias turmas de jovens universitários de diversas instituições que querem estudar a pimenta, em projetos, trabalhos de conclusão de curso (TCCs) e *cases* nas aulas. A primeira pergunta que a gente faz é: "Por que a Chilli Beans?". Afinal, na faculdade poderiam escolher qualquer marca para analisar. E a resposta desses jovens é a essência do que eu estou falando: "Porque a Chilli Beans é a nossa cara!".

Por tudo isso, ser uma *love brand* é um grande desafio e, ao mesmo tempo, uma enorme reponsabilidade.

DESCUBRA QUAL É O SEU PÃO FRANCÊS

Como exercício, eu pergunto: você já achou seu pão francês? O meu é vender óculos. O da Diesel é uma calça jeans que já vendeu milhões. O do McDonald's é o Big Mac. Por que estou dizendo isso? O foco no produto me trouxe até aqui. Sou especializado em óculos escuros, não deixo dúvidas disso. Essa expertise é expandida para óculos de grau e relógios. Não "atiro" para todos os lados.

Na construção de marca, vale o aviso: não adianta querer atingir todo mundo. Entre falar para um grupo menor com potencial de se tornar comprador da sua marca e outro bem maior, que talvez nem precise do seu produto ou serviço, o que você escolhe? Escolho o primeiro, mais qualificado.

O foco deve ser vender produtos que interessam aos seus consumidores, e não querer oferecer exatamente o que a concorrência comercializa. Vejo marcas perdendo dinheiro por abrirem demais seu portfólio e não terem o retorno esperado. Faça uma reflexão: qual é o produto que mais sai? Ponha energia nele para ser o melhor e componha com um portfólio enxuto e sinérgico.

Como exemplo, cito o Ponto Chic, que nasceu no centro de São Paulo cem anos atrás e é famoso pelo seu sanduíche bauru. Não é qualquer bauru. O dessa marca é uma experiência, feito no pão francês com finas fatias de rosbife, tomate, pepino e uma mistura de queijos fundidos em banho-maria. Um clássico que atravessa gerações.

Percebe que a marca está no topo de uma série de decisões? Construindo uma marca forte, com um "carro-chefe" poderoso, ela será lembrada muito mais do que as outras. Falando nisso, a identidade dela precisa estar em vários canais de comunicação. Porque o consumidor atual é multicanal. A gente, na Chilli Beans, se comunica com o cliente por veículos diferentes, de redes sociais a ações em megaeventos de música, mantendo e reforçando a nossa identidade. Ações regionais, com sotaque local, também acontecem por inciativa e sugestão dos franqueados. Somos grandes e globais, mas também locais.

TENHA UM DIRECIONAMENTO ÚNICO

Para facilitar suas decisões, imagine um guarda-chuva em que todos os eixos de sustentação da sua empresa respondem à construção de marca. Por exemplo, a gente tem um Parlamento que cuida das pessoas, dá os treinamentos para que elas cresçam, porque isso faz parte da nossa maneira de trabalhar, que é criando uma comunidade.

Cuidar de pessoas, desenvolver coleções que fidelizem nossos clientes e atraiam novos, promover ações comerciais e campanhas institucionais que impulsionem nossos franqueados e suas equipes a venderem muito e melhor! Tudo isso está no nosso guarda-chuva. É o nosso *core*, entende? Desviar disso seria muito perigoso para o negócio.

A gente vê empresários que têm lojas próprias e franqueadas enfrentando problemas por não conseguirem imprimir a mesma linguagem e qualidade nos colaboradores, clientes, fornecedores, mercado. Imagine o desalinhamento que isso causa na marca?!

No nosso caso, são 100% franquias, ponto. Meus franqueados são meus sócios. Atuamos e decidimos juntos. O nosso discurso, direcionamento, jeito cooperativo de trabalhar são um só, para todos da comunidade, do vendedor ao franqueado, do porteiro ao diretor da franqueadora. Isso também fortalece a marca.

VALORIZE AO MÁXIMO O QUE VENDE

Esse guarda-chuva de que estou falando abrange valorizar os produtos ou serviços que você vende. Uma tática é mostrar a proposta de valor que seus concorrentes não têm. Fazemos isso, por exemplo, com campanhas que destacam nossos óculos personalizados e diferenciados, como os Multi, que são dois em um, transformando uma armação para óculos de grau rapidamente em óculos de sol, graças a uma solução de atração por ímãs que descobrimos na China.

Mais um exemplo: na nossa Chilli Beans Flagship, loja conceito da marca em São Paulo, dá para fazer a lente em uma hora. Há uma fábrica de lentes dentro desse ponto de venda importantíssimo para o nosso exercício de marca. Localizado na rua paulistana com a maior identidade fashion do país, a Oscar Freire, tem estrutura e atendimento pensados para estimular os sentidos das pessoas e transformar o momento da compra numa grande experiência. Também fazemos eventos e lançamentos de coleções por lá – já fizemos até shows e ativações em parcerias com outras marcas. Assim deve ser uma verdadeira Flagship.

Em compensação, nós não desvalorizamos o que vendemos viciando o consumidor em descontos, por não ser uma ação que realmente o conecta com a marca. Além de a margem de preço dos produtos cair muito, promoções trazem felicidade por um tempo. Quando você não dá descontos, o cliente tende a trocar sua marca por outra com custo menor.

Se a Chilli Beans faz liquidação? Participa da Black Friday? (Aliás, aqui nós chamamos de Hot Friday, que é um termo, digamos, mais apimentado...) Deixo nosso diretor comercial Thiago Maino responder: "Promoção não é diferencial. Dá retorno a curto prazo, mas no médio e longo prazo essa fórmula não se sustenta. Nós fazemos promoção, sim, no primeiro semestre (antes de entrarmos com novidades para aquele ano) e com uma coleção específica para a Black Friday, por ser uma prática do mercado brasileiro, mesmo considerando que deveria ocorrer em outro mês que não seja novembro". Vejo muita marca que lança produto e coleção, e logo depois está com "70% off". Tem algo errado aí. E se você vicia seu cliente em promoção...

REJUVENESÇA PARA MANTER A CONEXÃO

Tenha a liberdade e consciência de que você precisa, de tempos em tempos, revisitar o seu logo, sua mensagem, para ver como pode rejuvenescer. No pós-pandemia, trouxemos uma agência externa para nos ajudar a fazer um rebranding que deixou a Chilli Beans ainda mais relevante e impactante na realidade atual. O objetivo era fortalecer o que construímos com ajustes finos na maneira como nos colocamos para o nosso público e no mercado.

O logotipo novo foi feito por um designer de marca que não está no meio do furacão que é o dia a dia do negócio. Com um olhar fresco, limpo, sem vieses. Experimente fazer isso e depois me conte. Vale muito a pena, pois alguém de fora traz outras referências e questionamentos que ajudam a oxigenar a mente. De tempos em tempos, vemos alguma marca se reinventando e apresentando uma nova cara para o seu público.

Entre as globais que passaram por um trabalho de *rebranding* bem-sucedido, temos a Balenciaga,[6] marca de moda espanhola radicada em Paris que já passou dos cem anos de vida. De 2015 para cá, entre erros e acertos, e contando com um design de moda bem disruptivo, ganhou gás novo e vem "quebrando a internet" em vários momentos, apostando em ousadia e inovação. Para se aproximar das gerações jovens, até em memes e jogos eletrônicos marcou presença.

Nunca é tarde para você olhar sua marca e trazer gás novo – sem abandonar a história e o DNA, para não trair a sua essência. Mesmo que tenha de corrigir eventuais erros no processo, será uma experiência muito positiva. Tem gente que precisa urgentemente dar um *up* na marca, porque está ruim, e tem gente que está contente e faz um *rebranding* para ficar ainda melhor.

Se a sua marca não está tão bem, você pode reverter botando a mão na massa, exercitando-a, investindo numa ressignificação, e terá um retorno muito bom. Acho importante reforçar que, mesmo que a sua marca esteja "morta", é possível colocar energia nela e fazer acontecer. Marca é feito planta: precisa regar, adubar, podar, cuidar com muito carinho e amor.

MARCA É FEITO PLANTA: PRECISA REGAR, ADUBAR, PODAR, CUIDAR COM MUITO CARINHO E AMOR.

6 REIS, T. A aposta da Balenciaga na ousadia e inovação como estratégia de rebranding. **Terapia do Luxo**. Disponível em: https://www.terapiadoluxo.com.br/colunistas/a-aposta-da-balenciaga-na-ousadia-e-inovacao-como-estrategia-de-rebranding%EF%BF%BC. Acesso em: 2 jun. 2023.

Na lupa do Caito
Chilli Mob Cruise

Uma experiência única, diferente de tudo que você já viu, envolvendo os nossos pilares, música, arte e moda, com um *line-up* que vai de música eletrônica até samba. E são todos bem-vindos a bordo desse cruzeiro temático inovador, com pessoas interessantes e uma dose saudável de loucura. São 72 horas de diversão, durante um fim de semana, em um dos maiores e mais luxuosos navios que navegam na América do Sul. Todos voltam com a energia lá em cima para botar na sua atividade profissional e com a cultura Chilli Beans pulsando na veia.

Shows com os melhores DJs do país e artistas do cenário pop; desfiles do São Paulo Fashion Week sob a curadoria do meu "irmão" Paulo Borges; intervenções artísticas do pessoal do Centro Universitário de Belas-Artes; aulas de yoga, drinques e *dancing*, além de treino funcional para quem quiser suar a camisa ou o top. São três dias de entretenimento com o DNA da empresa mais apimentada do mundo. É nesse ambiente que acontece a Superdose, nossa convenção de vendas diferenciada, e não é só por ser em alto-mar.

Convenções no modelo convencional são maçantes, concentradas em mostrar números e gráficos. Dão sono. Para mudar isso, contratei o diretor artístico do Cirque du Soleil para me ajudar a transformar a minha convenção no que é hoje, um show lúdico com mais de quarenta bailarinos. Aproveitamos para reconhecer e premiar funcionários e parceiros comerciais. E, claro, apresentamos as coleções que lançaremos durante todo o ano, muitas delas via licenciamentos que fazemos com marcas internacionais consagradas.

Para você ter uma ideia, a Superdose de 2023 trouxe o tema "Futura" como base de toda a identidade visual, e contou com jogo de luzes, palco giratório, roupas brilhando com LED. Ali, o público viu em primeira mão uma gama de lançamentos navegando entre o universo geek e o fashionista, para a felicidade dos fãs de Marvel, Disney, *Game of Thrones*, *Dragon Ball*, NBA, Halloween e Rolling Stones. E mais: os novos produtos da nossa collab com o cantor Xamã e a influenciadora digital Bianca Andrade (a Boca Rosa).

A convenção teve momentos de euforia – quando os funcionários cantaram a plenos pulmões os hinos que criamos para homenagear cada região do país onde há lojas, por exemplo – e também de reflexão sobre a nossa relação com os povos originários do Brasil. Ter recebido, no palco, uma bênção de representantes do povo indígena Yawanawá foi especial. Nossa parceria resultou numa coleção de óculos – usando, por exemplo, sementes de açaí e de jarina, conhecida como o marfim da Amazônia – que mostramos em primeira mão na Superdose.

Vivo dizendo que, quando você está de coração aberto, favorece que aconteçam coisas especiais. Fico emocionado com esse coletivo sem igual no mundo, cheio de música, moda e arte em alto-mar, que nós vamos aprimorando. Tem pouca valia ficar explicando. Só quem vê e vive assimila, porque o nível de energia é sublime. A troca com os vendedores, a reação de todos ao que acontece no palco, a diversidade sendo valorizada nessa convivência entre pessoas de vários estilos de vestir, de dançar, de pensar, de celebrar...

Durante muito tempo, em terra ou no mar, a nossa convenção anual foi um evento fechado para franqueados, gerentes, supervisores e vendedores. Agora não mais. São cinco mil pessoas reunidas no navio: dois mil da Chilli Beans e três mil consumidores finais e convidados. Você já consegue imaginar os impactos positivos de ver cinco mil pessoas que gostam da sua marca dançando e brindando à vida com uma vista paradisíaca e a brisa do oceano batendo no rosto? Se ainda não consegue, convido você a embarcar com a gente na próxima edição.

Todo o evento é registrado e compartilhado nas redes sociais por jornalistas e influenciadores selecionados, mais parceiros de mídia, como UOL e BuzzFeed. Nos três desfiles de moda, um por dia, não tem o que é normal, básico. Conferimos propostas de novos estilistas com uma pegada ecológica, inspirada nas riquezas brasileiras ou até mesmo underground, que nos fascinam. Na edição de 2023, chamamos ainda o Flow Podcast, um dos mais ouvidos do país, para gravar programas *in loco*. Fora isso, distribuímos muitos e muitos óculos para cada um personalizar com artistas e desembarcar com um presente que é a sua cara.

Houve um hiato de três anos sem navio por causa da pandemia, com a Superdose de 2020 sendo cancelada sete dias antes de zarpar! E o retorno foi do jeito que a gente imaginava: espetacular.

O investimento é alto (chegou a 10 milhões de reais em 2023, com o ingresso individual para as cabines custando a partir de 2.800 reais), mas virou um produto comercializado no mercado. Sabemos por histórico que o roteiro geográfico nunca agrada a todos. Assim, ressalto que o destino do nosso navio é mero detalhe, uma vez que o conceito do Chilli Mob Cruise consiste em aproveitar ao máximo as atividades *on board*.

Junto com o time artístico, entro no navio quando ele passa por Montevidéu, e vamos até Santos, no Brasil, ensaiando. Dá um frio na barriga! No caminho do hotel uruguaio até o porto, passa um filme na cabeça: dos erros e acertos, da luta, dos sonhos para construir uma marca que ousa pôr de pé um evento grandioso desses.

Por que resolvi fazer isso? Para fortalecer a marca, proporcionando uma experiência surpreendente às várias gerações que confiam na nossa proposta de valor e topam se conectar com a gente cada vez mais, sendo respeitadas como elas são. O fato de se distanciarem da terra firme potencializa essa liberdade, como se estivessem numa ilha flutuante.

O navio como experiência de marca e *case* de empreendedorismo ganha relevância. Tivemos um recorde de patrocinadores em 2023, como Mercado Livre, Essilor, Link Retail e muitos outros – ao todo, foram vinte e cinco –, com uma arrecadação 150% maior que em 2019. Somente nessa quinta edição de Chilli Mob Cruise ficamos no azul. Comemorei demais a conquista e desafiei o time a dobrarmos essa porcentagem no ano seguinte. Estamos mostrando às outras marcas que é um evento relevante para elas também, e várias estão vindo para perto de nós.

Ainda que as contas do navio estejam equilibradas atualmente, o ganho maior é intangível, qualitativo, em branding. Até então, eu precisava convencer meu diretor financeiro a bancarmos a experiência, com todas as dificuldades na bagagem. É um exemplo para outros empresários de que o exercício em investimento de marca demora a dar retorno, mas traz um resultado fabuloso para o nosso futuro.

Numa conversa com um franqueado, ele me disse: "A gente está no dia a dia, no *bate-bate*. Daí, sai da rotina e vem para o navio se alimentar de coisas novas. Volta energizado, com um monte de ideias na cabeça e ferramentas nas mãos para atender bem nossos clientes e levar o negócio a outros patamares".

Existe um pensamento por trás da criação de cada produto, que é destacado ao longo do show. Tem muita estratégia envolvida. E existe uma lei do varejo que diz: se o seu time "comprar" a ideia das coleções, vende tudo. Se não "comprar", não vende nada – mesmo que o cliente goste. Quando montamos o cruzeiro, criamos uma atmosfera que conquista, emociona, vende o conceito e a história dos óculos e relógios que lançaremos durante o ano. O pessoal sai de lá empolgadíssimo.

Depois, é só botar um pouquinho de faísca que é sucesso, porque a parte mais difícil já foi feita. Já encantou o time. E o mais legal é que cada participante tem a própria interpretação. Nestas páginas, estou falando a minha, mas adoraria que você vivesse a experiência e tivesse a sua.

Nas palavras do querido Kiko, diretor artístico da Superdose:

"Escrever essas palavras me fez olhar para trás e relembrar a linda trajetória que tem sido participar da Superdose da Chilli Beans. Esse desafio anual move uma equipe de profissionais e pessoas maravilhosas, mentes brilhantes que amam a arte. O resultado é tão forte, toca tanto as pessoas e, talvez ou justamente por isso, todo o acabamento e criação é pautado na arte.

Conhecer o Caito Maia foi surpreendente, normalmente não temos esse contato direto com o CEO de uma empresa. Começamos o processo de planejamento meses antes, foi igual criar um espetáculo. É impressionante como o time de criação se dá bem e trabalha com um prazer fora do normal para o padrão de um evento. Trazer as coleções para o público, usando a arte como ferramenta, com certeza faz com que as pessoas que estão ali vejam as coleções com outros olhos.

Me sinto muito grato de saber que fui uma peça de transição importante dentro do processo de criação da Superdose – minha experiência de direção artística de espetáculos e eventos somada à cabeça genial do Caito foi uma combinação bombástica. Não ganhei um cliente, ganhei um amigo, desses que te liga às 23 horas e fala: "Tive uma ideia".

Cada ano que estamos ali, atrás da cortina, e escutamos a família Chilli Beans entrar naquele teatro é um momento mágico. O sangue borbulha, olhamos um para o outro e falamos: "Vamos lá, time, vamos ganhar esse jogo, agora é nossa hora de fazer o show!". É impressionante como o Caito consegue pilotar aquele palco. É uma pessoa que nasceu para isso, fora todos os outros tantos talentos que ele tem. Fico impressionado com disciplina dele em estudar cada palavra, cada ação, cada música que vai entrar.

É um prazer enorme ver tudo que já criamos, sempre reinventando. Já foram tantas cenas, tantos momentos marcantes, tantos risos e tantas lágrimas de emoção; lembranças que, com certeza, toda equipe vai levar para sempre. Quero agradecer ao Caito Maia, à Chilli Beans, ao Guilherme e à Luciana Cobra, da Agência Smash, por acreditarem no meu trabalho e me darem a oportunidade de estar há tantos anos ao lado de vocês, nesse momento tão mágico chamado Superdose."

Luana Nunes Vilella, gestora de treinamentos

Sou uma profissional da comunicação apaixonada pela Chilli Beans. Eu já acompanhava o Caito muito antes de conhecê-lo, e consumia a marca. Trabalhar nela era um sonho. Em 2018, quando surgiu a vaga para gerir o Parlamento, me joguei. O nome é por ser democrático. Todo mundo tem voz e participa. Esse é um grande diferencial nosso.

Sempre curti demais o universo da Chilli Beans, tanto pelas histórias que seus produtos contam quanto pela liberdade de expressão. Só não tinha ideia de que essa liberdade também seria minha. Posso ouvir todo mundo e colocar a minha ideia, usar a minha criatividade e tudo mais. Então, quando dou um treinamento, tenho autonomia para falar de uma maneira autêntica, não deixando de ensinar os conteúdos planejados.

O meu papel no Parlamento não é só treinar pessoas. O mais importante é engajá-las para o trabalho e para a vida. Claro, temos treinamentos de produto. Aliás, falamos muito deles, mas não só disso. Me orgulha dizer que as pessoas que estão dentro da Chilli Beans são superengajadas. Há muitos vendedores, operadores de caixa, vendedores responsáveis (esses estão próximos de se tornarem gerentes), assim como franqueados, consultores, supervisores, gerentes de loja... todo mundo querendo crescer dentro da empresa.

Não é só chegar lá e aplicar ou replicar um treinamento. Importa muito saber como as pessoas colocam o que aprendem em prática. Esse cuidado gera resultados individuais e coletivos. É a parte mais surreal de atuar nessa área tão importante, que conversa com todas as áreas da empresa, incluindo as lojas do Brasil e do exterior. Para isso, nosso time precisa conhecer de que forma vai atuar em cada região, qual linguagem utilizar, para estabelecer uma comunicação empática e eficiente.

Entre os desafios, depois de treinarmos muito as equipes das lojas vermelhas, estamos buscando dar o respaldo necessário à Ótica

Chilli Beans, que recebe um público diferente e precisa de conteúdos específicos voltados à saúde ocular, muitos deles técnicos. O time precisa estar munido de informação correta para garantir um atendimento de qualidade. Tem sido muito interessante participar da fase de estruturação.

Tudo o que a gente constrói traz a valorização dos pilares moda, música, arte e geek. Os treinamentos ficam mais divertidos, gostosos, atraentes. Tem um para cada coleção e até produtos complementares (como o seguro para as peças compradas). E nos preocupamos em passar para o pessoal maneiras de abordar o cliente, aproveitando todas as oportunidades e ferramentas de que a empresa dispõe.

E falo muito sobre a questão da inovação no Parlamento, porque a gente tem uma plataforma EaD que poucas empresas têm. O investimento no desenvolvimento dos funcionários não cessa nunca dentro da nossa Universidade da Pimenta, que todo mundo conhece por Unichilli. Para chegarmos a ela, conversamos com outras empresas que tinham uma boa plataforma de treinamento.

O lançamento ocorreu quando estávamos saindo da pandemia, e montamos um departamento focado nisso. A plataforma é um sucesso, frequentemente acessada pelos vendedores e gerentes. Ver um vídeo na Unichilli os ajuda a se preparar melhor para o trabalho. E a plataforma é atualizada toda semana, para não deixar ninguém sem conteúdo de apoio.

Você coloca uma palavra-chave lá e acha o treinamento ideal. E, se não tem, a gente cria. Por exemplo, se percebemos que alguns vendedores estão com dificuldade de trocar a bateria de um relógio, bolamos algo para ensinar. Falamos dos acessórios, como o nosso spray e a nossa flanela para limpar a lente... Nosso lema é: vamos fazer algo para construir e engajar.

Apesar de não existir rotina na Chilli Beans, realizamos um trabalho de repetição. Digo que todos temos que nos manter atualizados, reciclando sempre os conhecimentos, aprendendo e reaprendendo novas formas de trabalhar no varejo. Nosso público é muito antenado. São jovens exigentes que sabem o que está acontecendo em todo lugar; e queremos surpreendê-los. Uma dancinha de TikTok que a gente põe no treinamento faz a galera entrar no ritmo e seus olhos brilharem.

Criamos cronogramas semanais do que eles podem fazer, de acordo com as necessidades do momento, facilitando para que se organizem quanto ao que ver primeiro ("Se a loja está mais vazia na segunda ou terça de manhã, pegue dez minutos para assistir a esse"). Além disso, fazemos muitas pesquisas nos grupos de WhatsApp da empresa e na nossa página do Instagram, quando vamos colhendo informações que nos ajudem a inovar. Brinco nos treinamentos: "Gente, isso aqui é melzinho na chupeta, porque a gente está dando esses conteúdos mastigados para vocês".

Há treinamentos para os consultores e supervisores da franqueadora e para o franqueado também. Fazemos a integração presencial dos que adquirem a nossa franquia. Vem gente do Brasil inteiro, e acho interessante que a maioria pede acesso à plataforma para serem treinados junto com suas equipes. Ali, conhecem melhor o nosso funcionamento e rotina, além de se inteirar de todos os assuntos.

Há desde detalhes da história da Chilli Beans até vídeos gravados pelo próprio Caito, que participa ativamente da Unichilli. Mando um zap e rapidamente recebo a resposta dele: "Bora marcar um horário, vamos gravar". E isso combina com o que ele fala de a marca ter uma mensagem única e de investir no desenvolvimento das pessoas. Só não precisa ser algo chato. Se lançamos a coleção Naruto, encarno o personagem. Quando era a do Queen, me vesti de Freddie Mercury.

Faço muita brincadeira, já deu para perceber, para tornar os conteúdos leves e de fácil assimilação. É um trabalho de formiga, para mais de quatro mil pessoas cadastradas na plataforma. Também usamos muito as redes sociais para trocar boas práticas com o pessoal do Brasil inteiro. E está tudo bem ser chamada de "Lú do Parlamento". É gratificante demais ouvir depois, quando visito lojas, que os vídeos fazem bem às pessoas e que elas se sentem mais motivadas e engajadas.

Caio Pamphilo, gerente de marketing

Quando o Caito me entrevistou para trabalhar na Chilli Beans, no fim de 2019, comentou ter visto no meu currículo que eu havia trabalhado com marcas gigantescas, sem ter fincado bandeira numa delas. Respondi que ainda não havia encontrado um lugar pelo qual me apaixonasse, mas sentia que poderia ser ali. Dito e feito. É uma paixão.

Costumo brincar que comecei minha carreira na escola, por estudar em uma construtivista, com muito acesso à arte e trabalhando os conteúdos por meio de projetos. Se precisávamos fazer o stand de ciências ou um experimento químico, por exemplo, naturalmente eu liderava o grupo e colocava minha criatividade naquilo. Hoje, me vejo como um profissional de projetos. Gosto de trabalhar dessa forma, com uma entrega clara e movimentando todo mundo para chegar lá.

Depois de passar a infância em Vitória da Conquista, no interior baiano, voltei para a capital, onde nasci, para estudar na Universidade Federal da Bahia. Gostei de ter escolhido Comunicação Social, com habilitação em Estudos Culturais. Me deu uma bagagem densa e ao mesmo tempo prática abrangendo audiovisual, produção de eventos, fotografia... junto com sociologia política, tecnologia. E, claro, além de ter me ajudado a me tornar um ser humano melhor, ainda me deu o privilégio de respirar os ares da incrível Salvador: a única cidade brasileira no ranking das cinquenta mais musicais do mundo.[7]

Durante o curso, sempre estagiei. Cuidei das redes sociais de celebridades, construí sites, monitorei mídias, e por aí vai. Também

---

[7] SANTANA, A. Por que Salvador é única brasileira entre 50 cidades mais musicais do mundo. **UOL**, 29 jul. 2023. Disponível em: https://noticias.uol.com.br/colunas/andre-santana/2023/07/29/salvador-e-a-unica-brasileira-em-lista-de-50-cidades-mais-musicais-do-mundo.htm. Acesso em: 29 jul. 2023.

fui estudar Arte Multimídia no Instituto Universitário Nacional da Arte, na Argentina. Formado, meu primeiro emprego foi numa agência boutique em Salvador, já atendendo um cliente nacional, a Natura Musical. Era produtor máster, e eu viajava pelo país inteiro coordenando eventos.

Numa dessas viagens, conheci minha futura chefe ("Estou procurando alguém como você, mesmo que ainda não saiba o que é relações públicas (RP)"). Topei a vaga, porque era em São Paulo, para onde me mudei disposto a crescer. Não imaginava que havia tantas diferenças nos estilos de trabalhar! Descobri que existe um "teatro" performático nos ambientes corporativos que passei a frequentar, que fizeram com que eu me sentisse inferior aos outros. Isso travou minha criatividade e tudo mais; tanto que não entendia o propósito do que estava fazendo ali.

Internamente, até podia ser mais autêntico, mas na frente do cliente precisava vestir tal roupa, me comportar de uma maneira artificial... Além disso, existia o conflito cultural. Salvador tem um dialeto, e São Paulo, outro; isso travava a comunicação, dificultava criar pontes. Era cansativo, por exemplo, ter de explicar gírias e expressões. De alguma maneira, sentia que as pessoas não acreditavam no meu potencial, nem no que eu trazia como bagagem cultural, intelectual, relacional, de vida.

Cheguei em outubro e voltei para Salvador em dezembro, repensando se era isso que eu queria. Numa conversa sincera com meu pai, caiu uma grande ficha: em se tratando de relações públicas, a empresa estava comprando minhas horas para que eu fizesse relacionamento da marca com outras marcas e pessoas. E, para me relacionar, precisava ser genuíno. Sofri nessa fase, mas aprendi rápido. E virei a chave.

Pensei: "Pera aí, não preciso ser quem esperam que eu seja, mas, sim, quem eu quero ser". Não devo performar num modelo preestabelecido pela empresa, por mais que ela silenciosamente peça para eu me encaixar. Para dar o meu melhor, devo (e quero) ser eu mesmo. Resgatei minha essência ("Olha como eu sou, como me relaciono, como encaro a vida...") e ganhei outro gás.

Essa autopercepção foi um divisor de águas na minha carreira, desbloqueou meu potencial. Retomei o trabalho em São Paulo, atuando por muitos anos no universo das agências. Passei pelas maiores de RP, sempre atendendo grandes clientes como Diageo, Faber--Castell, Coca-Cola, McDonald's, a ilha caribenha Aruba e o Olx.

Quando buscava algo diferente, surgiu a oportunidade na Chilli Beans, encarando os complexos desafios do varejo, que teve um ápice na pandemia do coronavírus. Foi uma luta difícil para o mundo inteiro, e tínhamos a nossa de manter a marca viva, o que me aproximou muito do Caito.

Valeu a pena ter batalhado para as pessoas compreenderem meu repertório como válido. Não tinha ido à Disney na infância nem feito intercâmbio na Europa, mas trazia uma vivência rica de Brasil para compartilhar. Caito teve empatia, pois também encarou empecilhos no começo de sua jornada, a começar por não usar terno e gravata. Ele possui uma trajetória empreendedora válida demais. É disciplinado, estratégico, ama o Brasil. É genuíno na dedicação ao negócio e no respeito à diversidade.

Acho sensacional que ele dê oportunidades a tantas pessoas que levaram "nãos", e partilhamos do mesmo sonho de uma sociedade menos preconceituosa. Temos a ambição de mostrar nosso valor para o mundo, porque levamos muitos "tapas na cara". Não por acaso, a Chilli Beans já fazia parte da minha vida desde o fim da adolescência. Comprava óculos e ingresso dos rolês da marca. Via os vendedores das lojas assumindo ser como são, e aquilo ali me inspirava.

Entrei como coordenador da comunicação e de RP e, depois de um ano e pouco, o Caito me deu a construção de imagem dele para cuidar. Quis que eu fizesse para ele o mesmo trabalho de marca que fazia para a Chilli Beans e para a Ótica Chilli Beans. Confesso que foi com muito medo que me tornei empresário do empresário. Mas, nas palavras do próprio Caito, medo é tesão!

Com muito suor, estratégia e, claro, uma equipe brilhante e alinhada, comemoramos a marca de um milhão de seguidores na página do Caito no Instagram bem antes das nossas projeções. A fórmula mais eficaz para crescer organicamente no digital é conhecer sua comunidade e criar conversas verdadeiras. E assim fizemos.

Um momento de altíssima confiança no meu trabalho foi quando viajei com o Caito para Munique, na Alemanha. A Chilli Beans fez parceria com a Hirmer, uma das maiores companhias de moda masculina da Europa, para abrir oitenta lojas nesse país; e me vi numa mesa de reuniões com dois CEOs e auxiliares, definindo o plano de marketing da nossa marca em território europeu. Era minha primeira vez nesse continente, em grande estilo, dando feedback em inglês ao plano que os alemães fizeram.

Olhei para trás e pensei: quantos processos de trainee perdi pela falta do diploma de escola de idiomas!? Sabia que falava inglês por ter estudado sozinho. Tempos depois, estava dando pitacos e sendo celebrado por feras em negócios e me lembrando da minha primeira reunião de trabalho, quando tentava falar, contribuir, mas ninguém escutava. Voltei tão apaixonado pela Chilli Beans que me mudei para Barueri, cidade onde está a sede.

Em 2023, novas responsabilidades. Caito decidiu que eu cuidaria do marketing inteiro, olhando a marca a longo prazo, digamos assim, para criar histórias contundentes e alinhadas à veia comercial. Thiago Portugal, com quem partilho afinidades profissionais, é minha dupla nessa gestão do branding, ficando com a parte de performance, mídia e tudo mais.

Entre tantos planejamentos, um me chamava atenção: como celebrar o mês da diversidade (junho), saindo do clichê comercial? A Chilli tem propriedade para falar disso, e criamos a campanha #SouOQueSou. Os corpos LGBTQIAPN+ passam por lutas e opressões diárias, sendo que temos força e garra para mostrar. Enquanto comunidade, precisamos vivenciar espaços seguros que permitam celebrar quem somos.

ACESSE O QR CODE E VEJA OS BASTIDORES DA CAMPANHA #SOUOQUESOU.

É incrível trabalhar em uma empresa que valoriza e abraça meu repertório, permitindo que eu tenha liberdade criativa para fomentar a inclusão e retratar a diversidade em seu estado de graça. A campanha cumpriu seu papel de reforçar esse compromisso e proporcionar uma plataforma para que cada indivíduo expresse sua essência. Foi a largada para um novo momento do marketing da pimenta.

História tem começo, meio e fim. Precisa de "era uma vez", de clímax, de herói e vilão, de "foram felizes para sempre"; e quero aplicar cada vez mais essa estrutura nos lançamentos. A história da coleção terá uma prévia, uma construção de imagem, um clímax; e vai trabalhar com o "fear of missing out" (medo de ficar dè fora, em tradução literal), gerando engajamento, interação.

Sou um contador de histórias a partir de ferramentas do marketing. Tenho essa veia também por causa do meu avô, um grande escritor baiano, autodidata, artesão, superartista. Ele me ensinou a contar boas histórias. É uma sabedoria que não está necessariamente na academia, nos cursos de "sei lá o quê" ou nas grandes metodologias.

A simplicidade de saber contar uma boa história e criar pontos de comunicação, entre interlocutor e quem a está recebendo, faz toda a diferença na construção de marca. Quanto mais você falar na língua das pessoas e encantá-las, melhor. Sempre que a gente consegue pegar carona nas histórias que circulam no mundo e desenvolver uma que represente a marca, o impacto é impressionante. É gratificante tudo que estou vivendo. A missão de mostrar ao mundo o valor da Chilli Beans segue fortalecida. Encontrei meu lugar, e dele não sairei tão cedo. Axé!

HISTÓRIAS: GERE BOAS CONVERSAS

▲ Óculos da coleção Legião Urbana com a famosa "Winchester 22" nas hastes – 2016.

A SIMPLICIDADE DE COMO É FEITO O SEU PRODUTO, DE COMO nasceu a ideia de fazê-lo para vender pode não ser nada fora do comum para você, mas para o seu cliente é. O processo envolvendo a estrutura, o design, o acabamento, a escolha das cores e de outros materiais... Quando você conta tudo isso, que para você é supernormal, para o consumidor não é. E, por mais simples que seja essa história, você acaba descobrindo que está encantando o cliente. Daí, gera valor.

Cara, você conhece sua marca melhor do que ninguém. Por que não está contando as histórias dela? Muitos não percebem tudo o que fizeram de bom porque aconteceu naturalmente. Tiveram a oportunidade ou necessidade e foram fazendo. Às vezes, encontraram a maneira mais fácil, mais barata ou interessante. Não sabem que tudo isso são histórias.

Não existe produto sem história. Tudo tem história. Que seja a de um lápis: "Esse lápis é feito de uma madeira especial, é apontado de uma maneira exclusiva, e na ponta dele cabe uma borrachinha para apagar. A cor escolhida não é à toa, tem um motivo...". Eu me refiro a esse tipo de simplicidade que os empreendedores não contam por acharem que não há nada de mais no que fazem.

A gente não sabe qual é a tecnologia que tem embutida no seu produto, o design, a curvatura... Então, o que é simples para você não é simples para o seu cliente. Ao perceber isso, vai se diferenciar da maioria das marcas brasileiras, que têm muito foco no preço e na facilidade de pagamento, discurso que raramente pega o cliente na veia, zero conexão. Nós, seres humanos, somos movidos por histórias.

IDENTIFIQUE QUAL É A SUA

E como é que você identifica uma história? Começando a contar para o seu cliente o que acha que é interessante e ir percebendo reações de curiosidade, de surpresa, de interesse em saber mais... Se não houver alguma reação positiva, é sinal de que deve escolher outra.

Preciso dizer que não tenho uma fórmula do sucesso para isso. Fui exercitando contar histórias relacionadas com o nosso trabalho na Chilli Beans e percebendo as reações das pessoas. Algumas agradavam mais, outras menos. Eu pensava: "Pô, isso aqui chama a atenção do cliente, é uma boa história".

Talvez a sua história seja sobre:

- ✓ a trajetória linda da sua marca (que é contar a própria história dela até o que é hoje);
- ✓ como foi a fundação da empresa, como ela nasceu;
- ✓ um erro que você cometeu, que depois foi revertido em acerto inovador (como foi com o Post-it, da empresa 3M, que nasceu de um experimento para criar uma cola que deu errado);[8]
- ✓ pessoas conhecidas publicamente que usaram ou usam seu produto ou serviço;
- ✓ a maneira de confeccionar o seu produto ou de realizar o seu serviço (o processo de trabalho);
- ✓ como inventou o produto ou serviço que é o seu "pão francês";

---

[8] POST-IT nasceu de um erro. **Folha de S.Paulo**, 29 dez. 1996. Disponível em: https://www1.folha.uol.com.br/fsp/1996/12/29/empregos/2.html. Acesso em: 21 ago. 2023.

- ✓ seu propósito, as razões, emoções e porquês da existência do negócio;
- ✓ o problema do cliente que sua marca resolve;
- ✓ a paixão ou sensação que desperta neles;
- ✓ _____ .

  [*Você pode preencher com alguma ideia que lhe vier à cabeça.*]

Para você ver como história é liberdade, vou comentar as de quatro empresas muito diferentes uma da outra, mas que se destacam no mercado pela riqueza do que contam.

HISTÓRIA DA FAMÍLIA FUNDADORA

Quando fui um dos "tubarões" do *Shark Tank Brasil*,[9] programa de que participei por seis temporadas no canal Sony, dei uma força para um rapaz muito bacana, da terceira geração na empresa de café da família. Ele se queixava de que estava "tomando porrada" o tempo inteiro do mercado, por vender commodity, só brigando por preço. Sabe o que a gente fez? Chamou uma agência para fazer um filme lindo contando a história das três gerações com o café. A imagem ficou fortalecida e as vendas subiram, dando de 20% a 30% a mais de lucro. A campanha deu à sua marca o sex appeal de que precisava.

HISTÓRIA DA VALORIZAÇÃO DA CULTURA BRASILEIRA

A Dengo vai muito além de ser uma marca de chocolate, ela tem o propósito de contribuir para o desenvolvimento socioeconômico do sul da Bahia. Entrou em um mercado dominado por gigantes, já com a clareza de contar a história dessa delícia no Brasil e de como a empresa impacta toda a cadeia, a começar pelo produtor local, que aprende a gerar renda sem desmatar. Se você é chocólatra, vai adorar

---

[9] Versão brasileira do reality-show americano em que empreendedores com boas ideias têm de convencer potenciais investidores, os "tubarões", a lhes dar apoio financeiro. Exibido pelo canal Sony.

ouvir dos vendedores como a marca combina a produção de cacau de qualidade com tecnologias de processamento de primeiro mundo.

HISTÓRIA DA SUSTENTABILIDADE DO PLANETA

Às vezes, a marca não representa apenas um produto, mas, sim, um meio de expressão sobre como ela quer ser parte do planeta. No caso da Patagonia, marca americana de roupas e acessórios para esportes de aventura, é um legado, a inspiração que quer ser. E esse propósito se materializa no produto e em diversos projetos para engajar mais pessoas. A sua história é falar da sustentabilidade. O fundador tem uma preocupação genuína e faz uma defesa radical do meio ambiente desde o ano de 1973.

HISTÓRIA SOBRE UMA NOVA FORMA DE ENXERGAR A CATEGORIA

A Zee.Dog trouxe moda para o produto. Essa marca de *lifestyle* para pets quer se conectar com as pessoas, construindo uma comunidade. Os produtos são a porta de entrada. Para fortalecer essa comunidade e aproximar os clientes do negócio, oferece uma experiência sensorial mostrando seus processos criativos em espaços que são parte loja, parte laboratório. A empresa nasceu em 2012, criando coleiras estampadas. Hoje, faz coleções de coleiras, guias, camas e comedouros temáticos para cachorros e gatos que agradam em cheio fãs do *Super Mario* e de *Game of Thrones*, por exemplo. A empresa ainda trabalha para a redução imediata de plástico em suas operações.

PRATIQUE O QUE VAI CONTAR, SEMPRE

Temos essa clareza de que não vendemos óculos. Vendemos histórias que fazem a Chilli Beans ser o que é no mercado. E recomendo fortemente que você comece a contar as suas e vá buscando saber quais agradam mais. Talvez descubra que tem mais de um tipo de história, que é o meu caso.

Digamos que você criou uma empresa de congelados a partir de um caderno de receitas de sua avó (**história 1**, relacionada com a família e com a fundação) e que os seus pratos sejam ricos em ingredientes orgânicos (**história 2**, relacionada com a matéria--prima, mostrando o diferencial de promover saúde), por ter parceria com hortas comunitárias que sua empresa está impulsionando na Grande São Paulo (**história 3**, explicando que há por trás do seu produto o propósito social de levar renda a famílias responsáveis pelas hortas).

Nesse exemplo, minha sugestão é começar a falar de tudo isso e, na hora que descobrir qual das histórias mais faz brilhar os olhos do seu cliente, contá-la para o resto da vida. No meu caso, as pessoas adoram saber que a sementinha da Chilli Beans foi eu ter percebido que as pessoas nas praias da Califórnia usavam óculos escuros principalmente como acessório de moda. E que, ainda na minha fase de músico, resolvi encher a mala com duzentos modelos de óculos, comprados num camelô, para vender aos amigos brasileiros.

Ou seja, essa história do músico de rock que virou vendedor de óculos não muda nunca. Continuarei contando em palestras, entrevistas, mentorias, apresentações da empresa para franqueados entrantes... Mesmo aqueles que já escutaram, reagem bem. É óbvio que fui exercitando uma maneira mais sexy, mais lúdica de contar a história da minha empresa. Já sei como contá-la; sei o que falar, e como falar, para chamar a atenção das pessoas. Já sei as palavras...

Como é que você acha as suas palavras e jeito de contar? Testando. Por exemplo, sempre que digo que tive várias bandas e que a última chamava Las Ticas Tienen Fuego, arranco risos da plateia. Fica todo mundo olhando com expressão de "Ah, que legal", e foi algo que descobri na prática.

TRAGA NOVIDADES PARA O SEU REPERTÓRIO

Por outro lado, capriche também nas histórias novas, mostrando que o seu negócio tem a cultura de evoluir, inovar, inventar, surpreender. Eu me refiro àquelas relacionadas com os produtos e serviços que você está lançando, relançando ou aprimorando. Elas não podem faltar no repertório dos empreendedores, porque rejuvenescem a sua marca, renovam a relação com o mercado, geram conteúdo e conexão com as pessoas e aquecem as vendas, entre os muitos benefícios.

Certa vez, em um dos grupos de mentoria que faço pelo Brasil, participava a sócia de uma fábrica de guarda-sóis, que achava difícil contar histórias do seu produto: "Quero muito fazer isso, mas o meu cliente só compra guarda-sol novo a cada dez anos, em média".

A colocação dela lembra a realidade que encontrei quando comecei a vender óculos escuros. Também precisava gerar vendas recorrentes, fazendo meu cliente voltar e consumir para ele e para presentear. Como resolvi? Lançamos uma coleção nova por semana e um tema novo por mês, que divulgamos por meio de histórias relacionadas ao processo, à inspiração artística, aos materiais, aos parceiros... e o que mais atrair público.

Quero despertar no cliente a sensação de que, cada vez que ele troca de óculos, troca de cara. Assim como acontece com roupas, bolsas, acessórios, bonés, sapatos – nós merecemos um guarda-roupa cheio deles, de diferentes formatos, cores, materiais, usos e necessidades... Com esse conceito, tenho "uma loja nova" para o cliente, além de um excelente motivo para entrar em contato e oferecer algo que ele ainda não conhece. Nossos clientes do Brasil inteiro já sabem que toda semana tem lançamento. São dez óculos escuros, cinco relógios e cinco armações de grau a cada semana. Mil produtos lançados por ano.

Um segredo para diminuir o risco: lançar um volume de modelos com profundidades menores. Simples como isto: variedade grande + grade pequena = menos estoque e mais chances de venda. Cria desejo nos clientes e esgota rápido. Quem demorar, não vai conseguir aquela peça tão sonhada. A escassez gera desejo e urgência.

Na minha resposta para essa empreendedora do guarda-sol, sugeri que ela fizesse uma coleção linda e gerasse uma nova história com a qual abordar o cliente: "Escolha uma escala de cores inusitada, por exemplo. Ou vá até o pessoal da moda e pergunte qual é a tendência de cor para a próxima estação. Se for um magenta, que tal fabricar um maravilhoso ombrelone nessa cor? Depois, conte a história desse novo produto". Talvez a sua cliente entenda que, em vez de esperar dez anos para trocar o produto, ela P.R.E.C.I.S.A ter um novo, na cor que está bombando na estação, ou com a estampa do designer sensação do momento...

Eu imaginaria dizer algo assim: "Nosso lançamento para o verão traz a cor que é tendência de moda. Você vai ver um monte de gente na praia usando-a em biquínis e saídas de praia… Essa cor vibrante nos inspirou, e viemos contar a você, em primeira mão, que ela está em uma coleção nova que vai chegar às lojas já, já".

Se não for a cor ou o desenho, o tecido pode virar argumento para uma história: "Está vendo esse tecido aqui? Desenvolvi em um centro de pesquisa de materiais sustentáveis. Ele é feito a partir da reciclagem de sacolas plásticas…". O que importa é fortalecer a sua marca gerando uma experiência por meio de uma história forte, e não apenas vender um produto fabricado por anos da mesma forma ou que o cliente encontra praticamente igual no mercado.

Agora você entende que cada produto tem a sua história? Pode ser originada até pelo depoimento do seu cliente ("Nosso guarda-sol protege tão bem a família que um casal mandou a foto com seus trigêmeos pela primeira vez na praia, curtindo uma sombra gostosa"). Várias companhias aéreas exploram bastante histórias de viagens de clientes ou então mostram suas aeronaves levando vacinas ou órgãos para serem transplantados, salvando vidas.

Vou dar outro exemplo. Conheci um empreendedor que vende um creme para manchas brancas no bumbum. Atende mulheres que não estavam mais indo à praia por causa desse problema. Com o creme, essa mancha branca está sumindo, dando a ele uma história sobre a liberdade e autoestima que seu produto proporciona.

O QUE IMPORTA É FORTALECER A SUA MARCA GERANDO UMA EXPERIÊNCIA POR MEIO DE UMA HISTÓRIA FORTE, E NÃO APENAS VENDER UM PRODUTO FABRICADO POR ANOS DA MESMA FORMA OU QUE O CLIENTE ENCONTRA PRATICAMENTE IGUAL NO MERCADO.

Só que esse empreendedor não havia percebido que tinha essa riqueza de história para falar do seu produto. Foi quando conversamos que caiu a ficha: "Realmente, elas ligam para a empresa contando que voltaram a querer ir à praia com marido ou amigos e a usar biquíni".

Com tudo isso, o que espero provocar em você é o pensamento "Caramba, olha como estou perdendo tempo de não contar histórias que agreguem valor ao meu produto ou serviço". O que não dá é você ter o preço como única coisa a dizer para vender. "Custa 100 reais, e parcelo em quatro vezes". Só isso? Não vai destacar nada de especial, de diferente, no material, na qualidade, na finalidade, na facilidade de usar, no design que encante o seu cliente?

A partir do momento que você aprende a contar a história de um produto, tem um *modus operandi* para usar nos próximos. A história entra na estratégia de lançamento, e de uma maneira mais fácil, porque você já cria o produto ou serviço com uma história acoplada.

Crie novos mundos dentro de seu próprio produto. Nós entramos com tudo no segmento geek, fizemos sucesso com várias coleções, e isso se tornou um pilar da empresa. Estamos agora entrando forte no universo do esporte, e isso vai ser tornar mais um pilar da marca. Usamos o mesmo fornecedor para desenvolver essas novas histórias. Exercitar seu portfólio e fazer diferente é essencial.

PERSONALIZE A SUA VENDA

De novo, todo mundo tem uma história para contar que vai valorizar seu negócio, personalizar a sua venda. Cabe a cada um exercitar isso e achar a sua. Não é papo de vendedor raso. É trazer os diferenciais, o que faz que você seja único e genuíno para o seu cliente. Nessa busca, é importante não extrapolar para algo que mais parece ficção. Não é o caso de citar nomes, mas surgiram denúncias de marcas que estariam exagerando ou mentindo. Por isso, não custa ressaltar que as histórias precisam ser reais. O que a gente conta na ponta, na loja, tem que ser absolutamente verdadeiro.

Muitas vezes, o que você precisa fazer é prestar atenção ao seu redor (no feedback dos clientes, na origem de sua matéria-prima...), partindo de um detalhe curioso para montar a história.

Só o fato de você me contar como faz seu produto ou serviço já vai valorizá-lo para mim. Por exemplo: "Como nasce esta xícara de ágata para levar na sua mochila de trilha? Mergulho uma placa de aço num ácido para poder moldar e deixar no ponto para receber a pintura, sob uma temperatura altíssima…". Detalhe: seu jeito de fazer não precisa ser totalmente diferente de como os outros fazem. Apenas está me contando como é que você faz.

Outro exemplo: perfume. Se você me contar o processo dele, vai me deixar encantado. Ou suponhamos que venda camisetas. Pode ser que trabalhe com uma confecção de mulheres que são muito guerreiras ou que há um acabamento, uma costura que elas sabem fazer com maestria. Talvez prefira pintar o logo da sua camiseta em vez de colocar etiqueta, porque não quer que ela apareça atrás. Estou usando a imaginação apenas para ilustrar possibilidades de histórias.

Falando em etiqueta, o Caio Pamphilo, do nosso marketing, conheceu a dona de uma marca de moda em uma rodada de negócios na Argentina, que contou que ela trabalha com mulheres colaborativamente. E em cada etiqueta tem o nome e a foto da pessoa que fez aquela roupa. Que história!

Como a empresa é um corpo humano vivo, vale fazer estes dois exercícios propostos pelo Caio:

1. Você pode personificar a sua marca. Pense nela como se fosse a sua melhor amiga. Como você falaria das qualidades dela? O que é mais impressionante nela? O que só ela faz daquele jeito? O que ela tem de diferente? A ideia é humanizar um pouco.

2. E quer fazer um teste prático dentro deste livro? Vamos lá, vamos testar voltando para o início. Lembrando que muitas histórias começam com "era uma vez", complete a frase:

Era uma vez _____

É isso aí. Personifique a sua marca. Viaje no tempo para recuperar aquela história que muita gente ainda não conhece, mas adoraria que fosse contada. Para aguçar a sua vontade de caçar histórias, vou falar da nossa concorrente, a Ray-Ban.

O nome Ray-Ban vem de "banir os raios" (de sol) – já começa aí o *storytelling*, não é? Fundada em 1937, a empresa é símbolo dos óculos escuros, ícone da moda, usada e desejada por artistas, celebridades e líderes mundiais ao longo de décadas.

Neil Armstrong, o primeiro astronauta a pisar na Lua, usava. O presidente John F. Kennedy usava também, assim como Joe Biden usa hoje em dia. Tem muitas imagens da Marilyn Monroe em seus momentos privativos usando Ray-Ban.

James Dean, por exemplo, tinha olhos muito claros e usava óculos à noite, só Ray-Ban. Jack Nicholson é famoso por ir aos jogos de basquete do Los Angeles Lakers, dentro do ginásio fechado, também de óculos escuros.

Eu poderia ficar páginas e mais páginas contando histórias de personalidades mundiais com seus óculos. Mas você pegou a ideia... Há histórias ótimas que podem ser contadas. Porém, se os vendedores não as conhecem, ficam quietos e vendem só preço e parcelas.

Não é todo mundo que tem histórias maravilhosas como essas. Mesmo assim, você vai sempre achar uma que seja relevante para o seu consumidor. Na Chilli Beans, contamos histórias dos produtos que lançamos e vamos descobrindo as que mais funcionam. Repetidas vezes, comprovamos que várias delas são muito mais interessantes para os clientes do que imaginávamos.

Vamos além, criando histórias que exercitam a marca. Como quando convidamos o roqueiro americano Iggy Pop para dar marretadas em óculos gigantes no São Paulo Fashion Week. Iggy é um dos pais do punk, um ícone mundial da música por gerações. A performance gerou história e repercutiu demais na mídia, o que colocou uma pitada da nossa pimenta no primeiro dia de desfiles de moda. Nas minhas palestras tem um vídeo dessa ação, o público chora de rir sempre.

NÃO DECEPCIONE NA EXPERIÊNCIA

Quando você conta a história de um produto, faz com que ele ganhe valor agregado. Se a pessoa vai comprar uma garrafinha térmica para levar ao trabalho e sabe a história dela – que é feita de pintura automotiva e tem um revestimento novo que mantém a água fresca por muito mais tempo que as outras –, cria a expectativa de ter uma experiência de consumo diferente, melhor. E não adianta encantar o cliente com uma história muito boa, mas na hora que ele usa seu produto tem uma experiência muito ruim. Tome muito cuidado.

Anote aí: se você conseguir juntar a sua história com os atributos do seu produto, tenha certeza de que estará no caminho certo. Além disso, tenha em mente que, ao contar a história, você também valida a experiência.

Para muitos que, como eu, amam os roqueiros ingleses dos Rolling Stones, fizemos 32 modelos diferentes de óculos e relógios inspirados em todas as fases da banda, e também no ícone da língua vermelha para fora e em seus instrumentos musicais. Já pensou se alguém tivesse comprado o relógio no formato de guitarra, lindo, e, quando colocasse no pulso, percebesse que é pesado, machuca a pele… O pensamento seria: "Poxa vida, você me contou uma história incrível, que comprei, mas me arrependi".

No exemplo da garrafinha de água, já pensou se em pouco tempo começa a descascar a pintura ressaltada na sua história? Evite essa decepção tendo certeza da história que está contando, para que, na hora que for colocada em prática, ela seja positiva.

É para entregar uma experiência superpositiva que trabalhamos sem deixar o sangue esfriar! A seguir, vou partilhar alguns dos nossos *cases* de sucesso.

Licenciamentos e parcerias com ícones

Quando a Chilli Beans completava os primeiros dez anos de vida, a gente percebeu que, se continuasse vendendo óculos escuros, ia morrer. Todo mundo pode vender óculos, as mesmas marcas em até doze vezes sem juros. Tem no camelô da esquina, tem em banca de jornal, tem de grife no shopping de luxo. Nós nos especializamos em contar histórias por meio dos produtos. Aí ficou muito mais interessante vender, e ainda abrimos portas para fazer parcerias sensacionais. Inclusive, várias marcas passaram a nos procurar.

Foi o caso de Harry Potter. É uma parceria que temos há anos e que vende superbem. O licenciamento foi ampliado a ponto de todos os parques temáticos do mundo que vendem óculos escuros e óculos de grau de Harry Potter passarem a oferecer os nossos produtos. Um orgulho que a gente carrega com muito carinho e também com muita responsabilidade.

Outro *case* de sucesso, que conto na minha palestra, foi a parceria com a nossa eterna rainha do rock nacional. Em 2018, Rita Lee esteve na empresa. Começamos a bater papo, comemos bolo de fubá. Fizemos óculos inspirados no disco voador que ela disse ter visto quatro vezes. Desenhou de próprio punho, e virou o logo da coleção. Havia um modelo com anéis de Saturno na parte superior da armação. Outros com trechos de letras de música nas hastes... Os fãs não compravam um produto, mas, sim, uma história junto com uma peça icônica do seu ídolo.

ACESSE O QR CODE E VEJA OS BASTIDORES DA COLEÇÃO DA RITA LEE!

Outra parceria emocionante foi com uma das maiores bandas do rock nacional. Lançamos em 2016 uma coleção inspirada nos ícones da vida e obra da lendária Legião Urbana. Por exemplo, o Winchester 22, da música "Faroeste Cabloco", foi transformada em hastes de óculos. Quando mostro a foto e conto essa história nas minhas palestras, a audiência é unânime: "Uauuuuu!".

A história com o Alok fez um sucesso tão grande que os óculos que cocriamos viraram uma categoria, assim como existe estilo aviador ou gatinho. Hoje, você digita na página do Mercado Livre "óculos tipo Alok" e vem o modelo com flaps laterais, aumentando a proteção dos olhos. Esse é o poder de uma parceria, o poder de uma coleção, o poder de um tema. Assim como tem a categoria "óculos tipo aviador", tem "óculos tipo Alok".

Eu me chamo Riosney e comecei a minha jornada no varejo como vendedor, aos 18 anos. Fui subindo degraus: vendedor responsável, subgerente, gerente, supervisor, consultor, coordenador, gerente regional e, hoje, nacional. Então, toda a minha experiência de varejo, do ano 2000 até aqui, está atrelada à frente de loja, e é por isso que trabalho muito pelo desenvolvimento das pessoas.

Entrei na Chilli Beans em 2010, e foi a primeira empresa que me deu a oportunidade de ser realmente quem sou, de colocar as minhas ideias e de fazer o trabalho da forma em que acredito. Concordo com o Caito que, para ter sucesso no varejo, a gente precisa ser muito resiliente, ter disciplina, se empenhar. Trabalhar nesse setor é lidar com metas todos os dias, com cada um desempenhando seu papel para que todos consigam cumpri-las.

Para mim, o maior diferencial da Chilli Beans é ter clareza nas definições dos papéis do franqueado, da franqueadora e das equipes envolvidas. Essa clareza é essencial dentro desse modelo de negócio, que depende demais de quem está executando. A pessoa interessada em comprar uma franquia busca know-how, mas também precisa colocar a sua força de vontade, as suas habilidades, a sua dedicação e principalmente a sua paciência para as coisas acontecerem.

Eu sou adepto da cultura 50/50. O que significa isso? Para o negócio dar certo, metade é responsabilidade da franqueadora, e a outra metade é do franqueado. Os dois lados se complementam, numa simbiose de acertos – que não acontece da noite para o dia, porque o varejo passa por mutações constantes. Todos os dias temos novos desafios, novos clientes, e o sucesso só vem quando eles voltam pela segunda vez à sua loja e divulgam, falam bem da sua empresa, do seu atendimento. Esse é o melhor marketing que existe.

Premissas como essas são muito importantes, e cada um precisa saber o que fazer, sem tentar escapar das suas responsabilidades, para o negócio crescer e prosperar, estando ciente de que existem muitos desafios no meio do caminho. Digo isso porque, quando você se depara com o primeiro "não", com a primeira dificuldade, pode cair na tentação de buscar caminhos que não são os direcionados pela franqueadora; e daí ficará batendo numa tecla que não trará resultado.

O que nós mais orientamos é para fazer o "arroz com feijão" bem-feito, que é acreditar nas pessoas e nos produtos que tem. O franqueado precisa ter um time motivado, com diversidade, que verdadeiramente gosta do que faz. Um time que quer aprender diariamente, disposto a dar "bom dia", "boa tarde", "boa noite" e atender os clientes com carinho, com respeito, procurando resolver o problema deles. Esse é o principal papel do vendedor.

É mais do que vender um produto ou um serviço. É vender um produto ou um serviço para aquela pessoa, conforme a sua necessidade ou desejo individual. Fazendo isso com atenção, gentileza, carinho, simpatia, do jeito que direcionamos, o caminho será bem mais fácil. Entre muitos que querem ter o próprio negócio, vejo pessoas escolhendo uma franquia com ilusão de que a franqueadora fará tudo por ela.

Na verdade, a franqueadora faz muito: transmite seu know--how, fornece o mix de produtos, dá suporte e treinamentos. Porém, se você não executa o direcionamento que a franqueadora passa, a chance de fracassar no seu negócio é grande. Vejo lojas com uma performance maravilhosa enquanto outras não alcançam um resultado satisfatório. Quando visito pontos de venda com problemas, percebo em muitos casos que o direcionamento não está sendo colocado em prática.

Temos um time de consultores que vai para o ponto de venda com o principal objetivo de entender se o franqueado tem algum problema, alguma dor e recomendar o melhor "remédio" e como usar. É como ir ao médico. Imagine que eu faço uma queixa, saio da consulta sabendo qual o medicamento específico para resolver aquilo, mas não compro e não tomo. Ou, então, sinto dor de cabeça, mas, como gosto de fazer tudo do meu jeito, uso outro remédio que já conheço, só que ótimo para eliminar dor de barriga. O meu problema pode aumentar e acarretar um prejuízo maior.

Para que o meu time fale a mesma língua dos franqueados, temos consultores que são da própria região dele, que conhecem a cultura local. Seria um risco muito grande levar um paulista para dar consultoria de campo em Manaus, ou um de Fortaleza para atuar em Porto Alegre, pela dificuldade de adaptação. Isso vale para vendedores e outras funções na empresa. Melhor apostar nos talentos que moram na cidade (ou nasceram e cresceram nela) para que possam vencer desafios específicos da região nas batalhas do dia a dia.

Os consultores que eu lidero moram nas próprias regiões. Um deles, que cuida da região Norte, mora em Belém do Pará; e os que fazem a consultoria de campo no Nordeste moram em Natal, Recife, Salvador. Para atender a região Sul, tenho uma consultora que mora em Porto Alegre, um consultor em Santa Cataria... Isso faz muita diferença para o atendimento e o suporte ao franqueado, que não precisa ficar explicando como as pessoas se comportam ali.

A consultoria de campo tem um papel muito importante dentro do sistema de franquia. É responsável por levar e trazer informações, por dar o melhor direcionamento para aquele problema específico, por mostrar o caminho. Por estar presente no dia a dia do franqueado e das equipes, definindo o padrão – e não só o de visual/merchandising, mas também o de atendimento, de mix de produto etc. Isso tudo faz o negócio ter sucesso.

Um time de futebol é muito parecido com um time de loja. Os jogadores são os vendedores, o capitão é o vendedor responsável e o técnico é o gerente, que olha de fora do campo os jogadores fazerem o jogo e tem como principal papel definir a estratégia, decidir como o time vai atacar e se defender. Ele está ali, incentivando e motivando todo mundo, ouvindo quando o jogador tem um problema.

Existe uma comissão técnica para desenvolver esse time, como também há um grupo de suporte na franqueadora. O presidente da empresa, assim como no futebol, define as decisões macro. Essa analogia se encaixa bem, porque franquia se faz em time, e na Chilli Beans isso ocorre de uma maneira bastante dinâmica. Tem novidade todos os dias.

Quem não estiver jogando com pessoas dispostas a colaborar, a somar no seu desenvolvimento e até mesmo no seu trabalho de vendas, fica estagnado, e aí a Chilli Beans talvez não seja uma boa empresa para esse perfil. Nós queremos jogar com quem busca crescimento profissional e pessoal, de cabeça e coração abertos para realizar coisas que o negócio precisa que sejam feitas. Como gerente de franquias, cada vez mais tenho certeza de que gerenciar é conseguir resultado por intermédio de outras pessoas.

A todos que gerenciam algo, o meu questionamento sempre é: "O que você está fazendo para conseguir resultado por intermédio de sua equipe e parceiros?". A minha missão é servir as pessoas, só que de uma forma muito especial. Passa por estar próximo, desenvolver, colaborar, dar ideias, trazer um direcionamento, construir uma jornada de sucesso e caminhar junto. É esse espírito que faz você ser visto como líder; e um líder inspira as pessoas a fazer coisas que talvez elas próprias não desconfiassem de que fossem capazes.

Em 2005, a Chilli Beans promoveu um concurso de design que foi divulgado em todas as faculdades de São Paulo. Eram 1,8 mil candidatos. Fui o vencedor, assinei contrato para um ano de estágio e fui efetivado em seis meses. Na época, ainda não havia muita estrutura tecnológica quando o Caito me desafiou a desenhar o primeiro relógio da marca.

Hoje, que respondo por toda a parte fashion do desenvolvimento de produto, falo aos designers da minha equipe: não precisamos fazer do mesmo jeito de antes; as coisas mudam, principalmente no design. Dou minhas sugestões, mas quero ouvir a defesa deles, e muitas vezes apostamos nela. O Caito fez muito isso comigo, me deu liberdade para desenvolver qualquer coisa. No primeiro mês, ele falou: "Se você quiser criar uma geladeira Chilli Beans e me convencer do motivo, a gente vai fazer".

É isso que tento passar para eles. Falo que têm a oportunidade de fazer o que quiserem, mas com embasamento, mostrando para empresa o porquê. E essa argumentação vem muito da pesquisa. A mais fundamental tem a ver com as pessoas. Sempre me inspirei e me espelhei nelas, procurando entender para quem desenvolvemos cada produto. E a primeira foi o Caito, com seu estilo pessoal que tem tudo a ver com o da marca e amor pelos pilares com os quais trabalhamos.

Também fui percebendo que pesquisar as reais necessidades dos brasileiros e as riquezas do nosso país seria importante para incorporar melhorias no nosso trabalho. Falamos com nosso consumidor e, mais ainda, com nosso vendedor, que é quem está na linha de frente. Se ele "comprar" as nossas ideias, vai vendê-las facilmente. Eu fui vendedor no passado, sei como é. Primeiro, você vende aquilo de que gosta; depois, o que conhece.

Por isso, pergunto ao pessoal do Brasil inteiro o que acha das nossas ideias para as coleções e do seu potencial de venda. Nesse caso, menos não é mais, pois já tive a experiência de receber informações diferentes de lojas dentro de um mesmo shopping. Um dos ganhos é que o vendedor se sente valorizado. Ele participa do início do processo; e depois, quando tem o produto para vender, reconhece que participou da sua criação de alguma forma, pensa "teve um dedinho meu aqui".

Buscamos inspiração em tudo que achamos interessante dentro dos nossos pilares moda, música, arte e universo geek. Por exemplo, acompanhamos as tendências de moda porque temos um perfil de consumidor fashionista. Ao mesmo tempo, temos outro perfil que valoriza não seguir a moda, ir pelo caminho contrário. E a Chilli Beans, por lançar quinze óculos por semana, dá essa abertura e possibilidade de olharmos para o que ambos desejam e ainda os surpreender com produtos diferentes, fruto das nossas fontes de inspiração. Temos a pré-pesquisa, quando trazemos possibilidades de produto a serem lançados a partir dos próximos dois anos. Depois, uma pesquisa in loco, que chamamos de viagens de tendências, para trazermos muita cultura e referências diferentes para cada coleção. Essas visitas são algo natural para nós. De uma viagem pelo interior do México, por exemplo, nasceu uma coleção linda, Viva México. Nosso time de design faz duas viagens por ano para lugares do mundo onde possam se inspirar e criar peças icônicas e verdadeiras.

Fazemos depois a pesquisa analítica. A cada três meses, colocamos na mesa tudo que lançamos, e analisamos. Quando um produto não vendeu bem, pode ter sido pelo design, pelo preço, pela cor ou ainda pelo momento do lançamento, que não foi favorável. Essa análise nos ajuda a minimizar os erros e potencializa os acertos de modo que vamos equilibrando as variantes. Por exemplo, podemos perceber um excesso de lente azul em um modelo aviador que teve venda ruim, e pouca presença em outro, redondo, com ótima saída.

Esse tipo de análise dá histórico e, junto com as outras pesquisas, dá suporte para decidirmos o que vamos testar ou não, e por quê ("Este produto não deve vender quase nada, mas vai chamar o consumidor para dentro da loja. Ele vai experimentar, tirar foto, mas vai comprar o do lado"), Caito concorda. É produto isca, e está dentro da nossa margem de erro. Precisamos incentivar o consumidor a entrar no nosso ponto de venda.

A IMERSÃO FAZ
QUE A GENTE
DESENVOLVA
PRODUTOS
DIFERENCIADOS.

Por ano, desenvolvemos em média 47 coleções temáticas, e todas têm histórias. Quando acordamos o licenciamento para uma coleção com o tema Elvis Presley, acessamos um style guide, ou guia de desenvolvimento, mas fizemos uma pesquisa muito mais profunda. Fomos até Graceland, a mansão do artista, e trouxemos referências fantásticas. Criamos um relógio inspirado no tapete da sala de música do Elvis. Quando fizemos a coleção do Renato Russo, da Legião Urbana, e do Chorão, da Charlie Brown Jr., fomos até o apartamento dos dois e tivemos acesso a preciosidades.

A imersão faz que a gente desenvolva produtos diferenciados. Para as coleções de Harry Potter e Star Wars, conversamos com os dois maiores youtubers do Brasil nesses temas. Eles recomendaram quais personagens não poderiam ficar de fora, ou os fãs chiariam. Os cuidados com as frases escolhidas para estar nas hastes... "Viajamos" nesses mundos por meio dessas conversas com quem entende do assunto.

O departamento de design tem um Instagram próprio para postar semanalmente o que achamos inovador e/ou interessante para o nosso trabalho. E é muito gratificante saber que tem muita gente querendo conhecer o nosso processo de criação.

Agora, não adianta fazer tudo isso se o produto final ficar parado no ponto de venda. Precisamos comunicar ao nosso vendedor como desenvolvemos cada coleção nos detalhes. Imagine quantas histórias bacanas e curiosas ele saberá em um ano para contar aos consumidores?!

Gravamos vídeos falando de toda a inspiração, que enviamos para as lojas, além de material impresso. Nas visitas às lojas, reforço essas histórias. Lembro de um vendedor que vendeu três relógios da coleção Mitos, baseada na mitologia, depois que contei a história deles. Ganhou um excelente argumento de venda.

Na Chilli Beans, não existe produto ruim, existe a profundidade certa. O que seria isso? A quantidade de unidades de cada modelo de óculos que fazemos. Para alguns, são no máximo seiscentas peças. Significa que não é bom? É bom para seiscentas peças, e não para 3 ou 6 mil. Depois de anos de testes, conseguimos calibrar a profundidade por conhecermos melhor nossos consumidores. E o seu vendedor precisa saber das características, vantagens, atributos e benefícios desse produto para poder vender.

É um ciclo que começa pelo vendedor, ouvindo-o, dentro da pesquisa, para termos embasamento daquilo que queremos criar. Passa pela análise do passado, importante para um desenvolvimento mais aprofundado do produto, e fecha com o vendedor tendo o máximo de conhecimento no ponto de venda.

No meio desse ciclo, há os nossos parceiros fabricantes. Entrar em contato, pegar o avião para a China, pesquisar fornecedores... é muito fácil. O mais importante, que não se consegue da noite para o dia, é transparecer confiança. Hoje, temos muitos fornecedores lá, que encontro pessoalmente duas vezes por ano. Todos ficam sabendo dessas visitas e querem fazer negócios com a Chilli Beans. Acredito que não seja só pelo tamanho, mas, sim, por causa da nossa verdade, respeito e postura de parceiro mesmo. Tem de ser ganha-ganha, sem a hipótese de exploração.

Desde a minha primeira viagem à China, em 2007, exercito muito com o Caito essa relação com fornecedores, independentemente de onde estejam. Ela começa por responder a quem nos contata com projetos e outras ofertas, mesmo que não nos interessem no momento. Isso já ocorreu com muitos no passado, sendo que hoje produzem para nós. Não importa a língua e o país, há fornecedores cada vez mais abertos a fazer bons negócios com o mundo inteiro.

O Caito fala que, se tivesse fábrica, quebraria a Chilli Beans, porque cada empresa, cada profissional, cada empreendedor precisa achar sua expertise e focar nela, deixando o restante para quem tem mais *know-how* e prazer naquilo. Agora, fazemos o acompanhamento de todos os produtos que desenvolvemos. Pedimos, primeiro, protótipo e conversamos sobre possíveis ajustes necessários, na base da confiança e da parceria.

Contamos com o empenho deles ("Essa haste precisaria ser um pouco mais larga") e vice-versa ("Por favor, me antecipa esse pedido e segura aquele", "Consegue um desconto naquilo?") para não prejudicarmos a venda. Se a gente for inflexível ("Veio errado, joga fora e faz outro", por exemplo), minamos essa confiança e parceria. Lógico, sinalizamos como queremos. Às vezes, preciso dizer que "infelizmente, dessa vez, não vou poder seguir porque não está bom". Ouço "Ok sem problema, foi erro da fábrica, vou te ressarcir esse dinheiro" e seguimos. Relacionamento, conversa, objetivos em comum, parceria, com todos querendo alcançar o melhor resultado e mais inovador para os nossos clientes.

MUTANTE... ADAPTE-SE E EVOLUA SEMPRE

▲ Superdose Chilli Beans Mutantes 2015.

QUANDO CHEGUEI A ESTE CAPÍTULO, ME DEPAREI COM VÁRIAS palavras capazes de expressar a mensagem que quero passar:

"Se Parar o Sangue Esfria" é forte, é Caito, é Chilli, é para tudo.

"Observar as oportunidades", ou melhor, "Caça às oportunidades"? Com certeza, mas não só.

Também é mais do que "resiliência" e "inquietação", porque tem muito a ver com estar em movimento.

Seria "inquietude"? Por ter relação com agitação, preocupação, ansiedade, não é a palavra ideal.

"Intersecção" remete não só a incluir, mas a participar, fazer parte. A palavra é boa, mas caberia melhor no capítulo 4, focado nas pessoas. Neste, a ideia é refletir sobre como a marca participa do mundo (prometo detalhar adiante).

"Jogo de cintura"? Faz parte, muito, *pra caramba*, o tempo todo.

"Instinto farejador" ou "Espírito farejador"? Estamos no caminho.

Estava difícil definir em apenas uma, então reuni algumas pessoas do time para me ajudarem, e não conseguimos também. No fundo, esse "não definir" é o que nos mantém vivos. Procurando, indo atrás de alguma coisa que está aí, no mundo.

Não ficar esperando que qualquer solução fácil apareça é sensacional. Esse é o espírito deste capítulo, que até poderia ter um nome muito esquisito, como "XYZ" ou então "Não sei dizer", em tom de contravenção. Na realidade, vim explicar aqui uma força que não dá para resumir em uma palavra. Sabe por quê? Porque eu mesmo a estou buscando.

E essa busca incessante está presente em tudo que fazemos na Chilli Beans. Faz parte do nosso processo de evolução. E você deve fazer o mesmo, junto com o seu time.

Para não deixar o capítulo sem um título, pensei numa palavra que uso muito, o tempo inteiro: "mutante". O conceito da mutação é mudar para sobreviver. A gente vai se movimentando, se modificando para estar vivo. Um negócio precisa muito disso. O mundo é mutante, por que nós não seríamos também? Daí, acrescentei reticências [...] para mostrar que o tema não se fecha nessa palavra. Cabem outras. E você pode chamar esse processo de adaptação, de modificação, do que quiser. O importante é não parar de buscar novas oportunidades para o seu negócio.

Quando estava no processo criativo deste livro, a palavra que chegou mais perto foi "mutante". Mas é bem provável que, no momento que você estiver lendo este capítulo, várias outras já tenham vindo à tona. Esse é o tipo de dúvida que faz bem a quem empreende. É estimulante querer pensar que haverá outra e outra e outra. Qual? Quais?

Inclusive, se você estiver pensando em alguma(s) palavra(s) complementar(es) ou que explique(m) bem essa busca incessante por mais, fique à vontade para completar aqui e agora:

_____

_____

_____

_____

_____

_____

Escreveu o que veio à cabeça? Sugiro que leia este capítulo inteiro e depois volte para rever o que completou. Porque pode ser que tenha novas ideias:

_____

_____

_____

_____

_____

_____

_____

A visão de mundo de quem empreende não pode nunca ser estática, rígida ou míope. Fazendo o exercício de tentar responder a estas perguntas simples, você terá uma noção:

- ✓ O que você está vendo acontecer no mundo?
- ✓ O que mudou, e você está acompanhando?
- ✓ O que percebe que as pessoas estão fazendo e querendo agora?
- ✓ O que elas não estão querendo mais?
- ✓ O que foi bacana ontem, mas hoje não é mais?
- ✓ Há algo que não faz sucesso hoje, mas tem tudo para fazer?
- ✓ O que está acontecendo ao seu redor?
- ✓ Quais são os novos caminhos?

O espírito mutante é alimentado pelas mudanças do mundo. Por isso, temos de buscar saber quais são as novas regras do jogo. Podemos imaginar que estamos olhando para um tabuleiro, com as peças se mexendo. Quem não estiver atento aos movimentos, perde chances de avançar com as suas peças. A mensagem é esta: você (assim como seu time) precisa estar com ouvidos e olhos abertos para as mudanças do mundo. Fato consumado.

E tem mais: é importante ficar antenado com o que está acontecendo, sem preconceitos, evitando julgamentos conforme as próprias crenças. Procurando perceber e entender, porque isso vai manter o seu negócio vivo. Não é só o que você gosta e o que você quer. Nada de olhar para o próprio umbigo. É imprescindível manter essa conexão com as mudanças externas, principalmente porque o mundo e a nossa sociedade evoluíram mais nos últimos cinquenta anos do que nos dez mil anos anteriores. E a tendência é que esse processo só continue a acelerar. Sacou?

Eu trato a empresa como um corpo humano vivo, por isso tenho que dar espaço para novas visões. Porque as coisas vão mudando, tomando outros rumos e não dá para ficar olhando só pelo retrovisor. Aquilo que deu certo ontem pode não fazer sentido hoje. E está tudo bem. Não podemos ficar olhando só para o presente, temos que olhar para a frente. Sempre.

Quantas marcas deixaram de olhar para a frente e morreram?! Não sei se você conheceu a rede de locadoras Blockbuster Video. No seu auge, ela teve a chance de comprar a Netflix, quando esse serviço de streaming era pequeno. Foi feita uma oferta aos donos, que não enxergaram como oportunidade, e hoje a rede não existe mais. Davi engoliu Golias.

Você tem a obrigação de observar e captar o que está acontecendo. Não é para alterar sua estratégia a cada tendência que perceber – que fique bem claro –, mas pode se adaptar. Por exemplo, para patrocinar o Rock In Rio, a gente não tinha o caminhão de dinheiro que multinacionais ou os bancos gigantes têm. Então, usamos a imaginação para investir em algo não tão oneroso, mas que chamasse atenção do público para a nossa marca.

Montamos uma capela ecumênica e democrática (aceitamos todo tipo de casal) no meio da Cidade do Rock. Alguns paravam para selfies, outros se benziam. A maioria queria mesmo se casar – assim como o casal de influencers, Viih Tube e Eliezer. Celebramos o amor de duas mil pessoas por dia em 2022, sendo que, dessas pessoas, a Aline e o Rodrigo se casaram de verdade – com a presença de um juiz de paz,

ACESSE O QR CODE E CONHEÇA A CAPELA ECUMÊNICA DA CHILLI BEANS NA CIDADE DO ROCK!

convidados e padrinhos. O casal, apaixonadíssimo, foi escolhido para ganhar a cerimônia da organização do festival. Isso gerou um *buzz* enorme na mídia. Nas redes sociais, então...

Celebrar o amor, não importando qual amor, foi a forma que encontramos de fazer diferente e de estar perto das pessoas. Ah, quem celebrava as uniões era um cover do Elvis Presley, no melhor estilo Las Vegas.

BEBA DE FONTES DIFERENTES

Ideias não nascem por obra divina, mas ajudam muito a aguçar a imaginação, a sair um pouco da bolha em que se vive. Quem for à minha sala dentro da empresa não vai encontrar na estante livros que falem de óculos ou negócios. Tem um sobre o circo na década de 1920, outro mais rock and roll, um terceiro com imagens fortes, sensuais, e mais um que fala da genialidade do estilista britânico Alexander McQueen, que considero a maior referência de estilo do mundo.

As pessoas querem saber de onde vem a personalidade da Chilli Beans, e o segredo está revelado: a gente bebe de águas diferentes. Essa liberdade tem um aspecto importante: permitir que você busque referências além do básico, do previsível, para oxigenar o seu negócio.

O empreendedor não deve apenas prezar por essa liberdade como também trazer profissionais que provoquem a equipe a isso. Não pude segurar no meu time algumas pessoas que olharam no meu olho e disseram: "Isso aqui é assim, não tem mais o que fazer". Avisei que a missão delas na Chilli Beans havia acabado, porque esse tipo de pensamento afunda o barco.

O mais comum é o empreendedor visitar (ou mandar o time) só as feiras e eventos do seu setor. Está bebendo da mesma fonte que os outros, concorda? Faz anos que a minha equipe de design deixou de ir às maiores feiras de lançamentos de óculos do mundo, em Milão e em Paris. Criar as próprias tendências, as próprias histórias, em vez de querer saber qual será a próxima moda, dá personalidade à marca. As visitas sagradas são às lojas, para conversar com quem fala diretamente com o nosso público.

Se você também vende óculos e vai a uma feira multiesportiva, por exemplo, pode pensar em modelos para um público gigante que se interessa por fitness, esportes e saúde. Fora a possibilidade de fazer parcerias além do óbvio. Nós fazemos coleções ligadas ao mundo dos esportes e, por isso, somos procurados para licenciamento de marcas famosas – como foi com a NBA.

ESTIMULE A CRIATIVIDADE COM OS PÉS NO CHÃO

A "antena" tem de estar ligada para captar as tendências externas, mas preservando as bases sólidas. Não pode esquecer o básico, o essencial, o que fez seu negócio chegar até aqui. Tem gente que fica só pensando em fazer coisas diferentes e acaba não concretizando nada, nem mesmo seu arroz com feijão. Está sempre olhando o que quer fazer, descuidando daquilo que já faz e alicerça seu negócio. *Ei, você*, ponha a bola no chão em algum momento e vá para o jogo.

Da mesma maneira que um líder precisa ficar escutando, vendo o que está acontecendo, recebendo informação fresca, também precisa preservar sua base sólida, senão ela morre. Como vejo muitas empresas pondo energia em tudo e não fazendo nada, quero deixar claro que ser mutante não é ficar só "viajando", com mil e uma ideias na cabeça, sem materializar nada, sem entrega.

O segredo é estimular a criatividade mantendo os pés no chão, ou seja, com estratégia. A nossa, na Chilli Beans, tem três passos básicos:

- **Primeiro, abrimos o leque.** Trazemos para dentro de casa um monte de possibilidades. Cada um tem liberdade de sugerir ações e produtos conforme o que está observando nas ruas, nas nossas lojas, na sua vida, nas diversas mídias, nas tendências de moda e de comportamento, nas pesquisas de mercado e nas ligadas ao seu trabalho, nos movimentos culturais e artísticos. E por aí vai.

- **Segundo, selecionamos as melhores sugestões.** Às vezes, uma ideia é muito boa, mas o momento de implantação, não. Ou então fundimos várias para gerar outra não pensada e mais sensacional. Nessa hora, estudamos, analisamos como implantar, orçamos, calculamos os riscos, sondamos com clientes e parceiros a aceitação. Ou seja, a seleção não é aleatória.

- **Terceiro, escolhemos em quais vamos colocar a nossa energia.** Isso é foco para ter a melhor entrega. Fazendo o melhor, sempre!

Na Chilli Beans, desenvolvemos a teoria dos 40 m^2 em relação às nossas lojas. Se alguma for de 30 m^2, não tem espaço suficiente, fica apertado. Em 50 m^2, o aluguel do espaço fica caro demais e o custo com funcionários também aumenta. Achamos essa medida exata dos 40 m^2 para gerar a lucratividade que buscamos. Você já achou os seus 40 m^2?

Da mesma maneira que você precisa abrir a mente para ver um monte de coisas, depois é necessário fechar o funil e pôr energia em algumas, tirando da frente – mesmo que momentaneamente – as outras. Por experiência própria, assim dá certo.

FAÇA MUDANÇAS COM ESTRATÉGIA

Em entrevistas, costumo brincar: sabe aquele jogo *War*? Inspire-se nele. Primeiro, você vai fazer a estratégia ("Vou crescer de qual jeito?"). E depois seguir o plano para ganhar o jogo.

Vou abrir para você uma estratégia que usamos para cuidar do nosso alicerce: 80% dos produtos que vendemos são o que chamamos de "bate-caixa" (igual a camiseta branca, pão francês) e 20% trazem um tema novo. Portanto, nós nos reservamos o direito de correr risco com apenas 20% do portfólio, enquanto 80% garantem faturamento para manter a operação de pé. Inclusive, você pode usar essa fórmula no seu negócio, fazendo graça, ousando numa porcentagem pequena, mas o suficiente para causar no cliente a percepção de que toda semana tem novidade.

Além disso, nosso sistema eletrônico acusa em tempo real quais são os mais vendidos, para que façamos modelos no mesmo estilo ou repetições. Encomendar esse software fez uma mudança grande no resultado da Chilli Beans. Não vou mentir para você, nem sempre foi assim. Antes, a gente perdia venda, estoque, giro. Fomos evoluindo junto com a tecnologia.

Outra de nossas estratégias veio como resposta a uma mudança na sociedade por causa da pandemia. Antes, vendíamos 20% de óculos de grau, 20% de relógio, 60% de óculos escuros. Durante o isolamento social, houve um aumento expressivo, em toda a América Latina, de pessoas precisando de correção de miopia, devido ao uso intenso do smartphone e dos notebooks. Quando voltamos com as lojas abertas, percebemos que a venda dos dois tipos de óculos estava na mesma proporção.

O que fizemos? Adequamos nosso mix inteiro. Lançamos campanhas focadas em grau, porque as pessoas estavam realmente limitando seus gastos com os outros produtos. Aumentamos a exposição de modelos de grau nas lojas. Há um potencial incrível para esse produto, muita oportunidade de crescimento no negócio ótica.

Ainda sobre a pandemia, precisamos concentrar nossa energia na única forma de vender: o e-commerce. A tecnologia foi a salvação, e exigiu adaptações. A estratégia incluiu orientar os franqueados a vender também por meios digitais. Inclusive autorizamos que as unidades tivessem suas próprias contas em rede social, e esse canal foi bastante utilizado para que os consumidores comprassem diretamente das franquias.

PENSE NUMA ÁRVORE QUANDO FIZER MUDANÇAS

Faz parte do conceito mutante questionar a maneira como se trabalha, para adequá-la aos desafios do momento. E fica muito mais difícil fazer esse questionamento se você estiver sozinho. Quando reúno pessoas para discutir estratégia, dou chance a *todos* que desejarem falar. Escuto com atenção, respeito, interesse. Ninguém precisa concordar com tudo que está sendo dito. E gosto quando trazem argumentos diferentes para analisarmos qual caminho tomar.

Volto aqui a uma questão do capítulo 4, que é ouvir o time, atitude tão necessária para você, como líder, conseguir atualizar sua visão de mundo. Às vezes, o empreendedor está tão dentro do mundinho dele que não se abre para o mundão externo. Acha que entende tanto do negócio dele que se fecha no seu conhecimento, nas suas crenças, dando as costas para as oportunidades.

Anota aí: quem "entende" do negócio é o cliente, que decide se leva ou não seu produto. E quem está mais próximo dele é o seu time.

Certa vez, estávamos discutindo sobre alocação de verba de marketing, e o Caio Pamphilo argumentou que deveríamos equilibrar o investimento de mídia com influenciadores, para não sermos uma empresa que só fala de si mesma. É preciso ter também o endosso de pessoas usando nossos produtos. Eu disse que ele tinha razão e que íamos equilibrar.

"Desde meu primeiro dia na Chilli Beans, tive abertura para expor meu ponto de vista, conforme as minhas experiências. Caito está aberto a receber o repertório de outra pessoa e ao mesmo tempo é muito consciente da essência da própria marca. Me lembra uma árvore: quanto mais cresce para cima, mais cresce para baixo", diz o Caio.

Gosto dessa analogia. Faz sentido. Se você só se preocupar com as flores e os frutos, deixando a raiz enfraquecida, a árvore acaba tombando e morre. Adubo na raiz é absolutamente essencial, mas se você não florescer, não deixar nada para as abelhas, não deixar que a natureza siga seu ciclo... não vai ter flor, não vai ter fruto. É antagônico, é contraditório. É água e vinho. É mesmo. Faz parte do jogo. E é necessário que você aprenda a equilibrar essa adesão às novidades ao mesmo tempo que preserva seu arroz com feijão bem-feito, seu pão francês.

AMPLIE SEU PÚBLICO

Falando em buscar oportunidades, nós temos um calendário inteiro de lançamentos do universo geek. É um público que trouxemos para dentro da nossa comunidade e que é muito fiel. Havia os pilares música, moda e arte, e o geek passou a fazer parte do nosso dia a dia. Estamos aprendendo e falando com um público que não tem vergonha de expressar o fascínio pela cultura pop.

A grande sacada é que essa *galera* ama os produtos que criamos e adora colecionar. Reunimos universos como Marvel, DC, *Harry Potter*, *LoL*, *Jurassic Park*, *Star Wars*, *Friends*, *Naruto*, Disney. Cada peça temática é repleta de referências e texturas inspiradas nesses e em muitos outros personagens de filmes, séries, quadrinhos, jogos.

ACESSE OS QR CODES E VENHA PARA O LADO GEEK DA FORÇA!

Essa oportunidade me fez descobrir um mundo novo, que é tão especial, tão bacana! E hoje a gente se conecta com pessoas que nem sequer chegavam perto da Chilli Beans. Estamos plantando sementinhas nas gerações mais jovens, e é um prazer estar com outras tribos. Dá muita saudabilidade para o negócio.

Começamos um novo caminho parecido, só que agora no universo dos esportes. É mais uma estratégia para crescermos. É preciso estar o tempo todo olhando o mercado para ver quais públicos atrair e o que mais fazer para que o negócio avance junto com a vida.

Com a Ótica Chilli Beans, também ampliamos público. Para dar uma noção, no primeiro ano desse novo negócio, percebemos que cerca de 90% das pessoas que entravam na ótica nunca tinham ido a uma Chilli Beans antes. Gente nova que descobre agora a nossa marca: isso não tem preço.

BUSQUE ALTERNATIVAS SEMPRE

Talvez um dos meus melhores exemplos do que é ser mutante seja este aqui. Foi quando tive que cancelar o Chilli Mob Cruise 2020 uma semana antes do embarque, por causa do coronavírus. Passamos um semestre planejando, preparando, organizando a viagem de navio, que seria de 20 a 23 de março, mas a nossa marca jamais colocaria em risco a saúde de tantas pessoas. Foi uma das decisões mais duras que já tomei como empresário, mas era a única correta.

Então veio a necessidade de distanciamento social, e travou quase tudo. Só que eu tinha um conteúdo maravilhoso gerado nos últimos seis meses para passar para a rede. Tivemos que adaptar a nossa Superdose para o formato virtual, assim não deixaríamos de fazer esse encontro tão estratégico com time e parceiros.

A Chilli Beans foi a primeira empresa brasileira a transmitir ao vivo sua convenção de dentro de um estúdio, numa live para o país inteiro, em abril de 2020. Depois dessa Superdose alternativa, fizemos a nossa primeira live e-commerce, Chilli Beans Live Circus, trazendo o lançamento da coleção do estilista Alexandre Herchcovitch inspirada nos sete pecados. Repetimos a dose com a nova coleção com itens inspirados na Marvel.

ACESSE OS QR CODES E CONHEÇA MAIS DO QUE FAZ A CHILLI BEANS SER ÚNICA!

Modo ativar plano B, C ou D… se você conseguir que seu time esteja nessa mesma *vibe*, terá mais agilidade e criatividade para fazer acontecer com o que está na mesa. É um exercício contínuo de farejar novos caminhos de crescimento. Com diretores e gerentes inconformados, é um tal de um cutucar o outro, e o grupo vai atrás. Nós nos acostumamos a dar um gás na reta final de uma meta questionando:

- ✓ O que mais a gente pode fazer?
- ✓ O que temos na mão?

VAMOS OLHAR PARA A FRENTE

Essa reciclagem, essa oxigenação da experiência no navio, assim como as outras que comento neste livro, são superimportantes. E as pessoas do meu time são sensacionais, porque entenderam a mensagem de que nós temos que olhar para a frente, sempre, mas sem nunca esquecer do arroz com feijão que nos trouxe até aqui. É o que faz a diferença.

Vivo repetindo aos nossos franqueados, equipes, mentorados, parceiros, amigos e a mim mesmo:

1. Dê espaço para as novidades, saia da caixa, reflita sobre seu dia a dia, lembrando também de se afastar um pouco da rotina para enxergar mais longe, sob outras perspectivas.

2. É necessário se adequar às novas regras do jogo para o seu negócio não ficar à deriva em um momento difícil.

3. Também é imprescindível desprender-se de um passado que não cabe mais no mundo atual.

4. Tecnologia não é colocar robô atendendo na loja. É usar as ferramentas que você tem para seu produto chegar ao cliente, fazendo uso da tecnologia humanizada, com as pessoas no centro do seu negócio. Pense nisso.

5. Os choques constantes e as cutucadas que o mundo dá (como foi com a pandemia) são alavancas para aqueles que não perdem tempo reclamando.

6. Quem está disposto a evoluir, a aprender, a enxergar as coisas de jeitos diferentes, ser mutante... sabe que terá de se adaptar o tempo todo.

Relacionamento com clientes e vendas

Estamos investindo na capacitação e no desenvolvimento da rede, dos franqueados aos vendedores, para lidar com as mudanças e os desafios do mercado. A era futura da Chilli Beans é marcada por inovação, criatividade, responsabilidade socioambiental, sempre com foco na experiência do cliente e na diversificação dos produtos. Somos visionários dando vida a grandes projetos e, como líder, estou sempre buscando ideias e formas de fazer as coisas, com uma mentalidade aberta e curiosa, disposição para correr riscos e experimentar.

A nossa estratégia inclui lojas físicas interativas e experiências de compra on-line mais personalizadas. Queremos estar perto dos clientes, entender quem eles são e quais são seus gostos, para oferecer um serviço que atenda aos seus desejos e necessidades, da maneira que cada um quer. Três projetos estão contribuindo muito para esse objetivo. Vamos a eles?

CRM PARA CONTINUAR FALANDO COM O CLIENTE

O cliente que entra na sua loja é ouro, mais ainda se fizer uma compra nela. Essa é uma atitude que está acessível aos empreendedores. Erro é o seu de não adquirir os dados desse cliente para continuar falando com ele. Nem todo mundo vai querer deixar os dados, mas não custa nada você pedir. Se receber ao menos três "sins" entre vários "nãos", começa a montar seu cadastro.

A Chilli Beans é muito boa em cadastrar as pessoas para se relacionar com elas. Com esse recurso, identificamos seus gostos e como querem consumir nossos produtos. Vou encontrar o cliente e mandar esta mensagem, por exemplo: "Eu sei que você gosta de óculos quadrados de grau, e estou com uma coleção nova de armações quadradas na loja. Quer conhecer?". Esse cliente talvez nem se lembre disso, mas vai até o espelho e confirma: "É mesmo, estou usando óculos quadrados, vou ver os lançamentos". Ou então: "A nova coleção traz modelos feitos com fibras naturais, biodegradáveis". Continuar contando boas histórias, *sacou*?

Essa informação de qualidade permite falar de novo e de novo com seu cliente. É aí que mora o segredo do CRM, sigla em inglês que quer dizer Gestão de Relacionamento com Clientes. Munir-se de informações sobre quem é o seu cliente é uma riqueza para o seu negócio. Sem falar que é um recurso muito barato, embora pouco utilizado. Na minha visão, os shopping centers, no geral, têm milhões de pessoas circulando por seus espaços, e eles não sabem quem elas são. Não se atentam para a oportunidade de cadastrá-las e estabelecer uma comunicação mais empática e personalizada.

Quando você tem acesso a dados mais precisos do seu cliente, continua sua história com ele. Detalhe: não chame nunca de cliente se comprou uma vez só. Quando ele volta, aí, sim, você fala "tenho um cliente". Estar cadastrado facilita que ele volte. CRM é a comunicação que você tem, permitindo que continue falando com a pessoa depois da compra e também que perceba se ela está mudando de comportamento, de desejos – a fim de se adaptar rapidamente às mudanças e atendê-la melhor.

Tenho uma vantagem, que você pode ter também. É preciso cadastrar os dados para ter garantia dos produtos comprados na Chilli Beans. São anos e anos cadastrando, temos uma base de quinze milhões de pessoas. É o nosso tesouro.

LOJA 2.0 INTEGRANDO VENDAS ON-LINE E FÍSICAS

Ela é uma evolução, filha desse conceito mutante. Traz tendências de tecnologia e de consumo para serem testadas dentro do ponto de venda. Na nossa loja 2.0, há um espaço para o vendedor fazer vendas on-line, principalmente naqueles períodos em que o fluxo de pessoas diminui, segundas e terças-feiras de manhã, por exemplo.

A gente está dando tecnologia para melhorar a comunicação com quem compra na região dele. Cada vendedor recebe todo dia informações de setenta a oitenta clientes do CRM, para que possa contatar da maneira mais personalizada possível. Começamos a testar no pós-pandemia e ficamos felizes com o retorno, pois 25% das vendas em 2023 já eram on-line no ponto físico. Essa é uma adaptação que o mercado chama de *phygital* ou operação híbrida.

Calculamos que demore de três a quatro anos para a gente mudar a rede inteira para o formato novo. A venda digital acaba sendo uma consequência da física; elas se complementam. E no on-line o cliente pode encontrar, ali na hora, algum modelo que por acaso tenha esgotado na loja.

TELAS DE TVS A SERVIÇO DA REGIONALIZAÇÃO

A novidade veio para resolver um problema que tínhamos: fazer mídias regionais. Digamos que no Nordeste a venda de relógios esteja abaixo da meta, enquanto no Norte vai bem. Com essas TVs, anunciamos novidades e exibimos campanhas com a categoria de produto só nos pontos do Nordeste. As vendas aumentam e, de quebra, fortalecemos a marca com ações focadas naquela região.

É mais um processo de evolução, unindo tecnologia e informação, que começamos a testar em 2022 nas laterais de vinte quiosques. Como temos mais de trezentos, e o projeto poderá ir para as lojas, a mudança não será da noite para o dia. Tem tudo para dar certo, considerando que cada ponto de venda lida com necessidades específicas.

Pessoas de locais que acabaram de receber um ponto de venda e ainda não sabem a história da marca poderão ver esse conteúdo na tela. Com essa segmentação, a gente está criando um canal de televisão para exercitar mídia regional. Elas são como um canal de televisão próprio, que comandamos da nossa central na Grande São Paulo. Simples e eficiente.

Kleber Wilson, head de supply

Eu atuava na área de comércio exterior, na Cotia Trading, quando tive meu primeiro contato com a Chilli Beans, que era nossa cliente. Passados cinco anos, uma diretora, sabendo que eu buscava novos desafios, comentou sobre uma vaga na empresa da pimenta. Arrisquei mandar meu currículo (sou formado em Economia, com pós em Marketing e MBA em Gestão de Negócios; trabalho desde os 14 anos) para esse processo seletivo e para um outro, numa multinacional de eletrônicos.

Fui aprovado nos dois. Eita, e agora? Ouvi da minha ex-esposa que, mesmo com todos os benefícios oferecidos pela multinacional, eu havia voltado da entrevista na Chilli com um brilho diferente nos olhos. Pensei: "Meu coração está falando que é para lá que vou". Entrei em 2011 para cuidar da categoria de relógios. Em menos de dois anos, tive a oportunidade de cuidar dos óculos de sol e armações de grau; e fui gostando ainda mais.

Em 2019, mais uma mudança interna, e o Caito me propôs assumir a diretoria ligada ao supply chain, sendo responsável por toda a cadeia de abastecimento, abrangendo o planejamento de demanda, design, produto, comércio exterior, operação e logística e pós-venda. Sem dúvida, o brasileiro precisa aprender a trabalhar melhor seu pós-venda, principalmente para dar suporte quando o consumidor apresenta alguma dificuldade.

Imprevistos vão acontecer e servem de aprendizado para melhorias e inovações. Costumo dividir com meu time que devemos ter humildade para escutar as críticas trazidas pelos consumidores, equipes das lojas e franqueados, entendendo que existe uma oportunidade ali e procurar resolver. Pegar aquele caso que pode ser pontual e dar uma aprofundada nele, pois a sua correção pode ser o fio condutor de alguma boa prática capaz de reverberar para nosso ecossistema como um todo.

Nosso principal objetivo é encantar o consumidor final tanto quanto fazer a venda. Do franqueado ao vendedor, queremos que todos abram a caixa com produtos novos e pensem "Nossa, que incrível o que estamos recebendo! Olha só a qualidade, os detalhes do design…". Caso ocorra um problema, além de reverter a situação, devemos mostrar que, no futuro, eles podem voltar a confiar na gente ("Desculpe pelo problema; nos dê mais uma chance").

Considero como ápice a relação de proximidade que alcançamos com um cliente mineiro. Ele tem mais de quatrocentos relógios da Chilli Beans e me envia fotos da coleção dele. Já atendeu ao nosso convite para visitar nosso showroom algumas vezes.

Um dos grandes méritos do Caito, vendedor nato, é fazer com que o time que não está no dia a dia das lojas ouça aqueles que estão. Seja analisando as pesquisas formais, seja conversando na sede da empresa, nas visitas às lojas, nos treinamentos ou ainda pelos canais virtuais. Os vendedores dão muitas dicas (por exemplo, "Seria muito melhor se esse modelo viesse com acabamento fosco, e não com brilho").

Temos nossas técnicas para fazer a leitura das vendas. Captamos e lapidamos as informações possíveis para que elas nos tragam insights ou ajustes de rota. Aliado a isso, estamos ligados nas tendências que vamos materializar. Ou seja, fazemos a junção entre olhar para o retrovisor, escutar sobre o presente e mirar no futuro que queremos.

Coordeno ao todo cerca de oitenta pessoas de vários departamentos, como planejamento, design, produto. O pessoal do planejamento é quem cria todo arcabouço do produto e vai até um nível de detalhe muito grande. Por exemplo, quantos óculos serão feitos de materiais plásticos (injetado ou acetato), quantos terão hastes de metal, quantos serão de estilo esportivo? Dos cerca de 50% em material injetado ou acetato, quantos serão no formato quadrado e no redondo?

Decidimos, com base nas informações que captamos, os atributos dos produtos e a perspectiva de preço. Elas nos dão parâmetros para que possamos desenvolver o produto certo, pelo preço certo, na hora certa. No varejo, é fundamental não perder o timing… E para trabalhar com o Caito, cuja visão está voltada para as novas histórias que a empresa vai contar, esse planejamento precisa estar integrado com o calendário dos licenciamentos. É peça essencial nesse quebra-cabeça que faz parte da minha gestão. Tanto na parte propositiva, quanto no alinhamento com o time.

Tudo isso com agilidade, lançamentos semanais... Adiciono ainda algo que a pandemia trouxe, que foi a restrição de estoque. Quando entrei na Chilli Beans, o dólar estava na casa dos 2 reais, e a empresa tinha na época sete meses de estoque. Significava capital parado. Fiz o alerta, e fomos diminuindo esse montante. Por causa daquela situação radical no mundo inteiro, começamos a operar com um mês de estoque em casa.

O que isso gerou? A necessidade de termos os processos muito bem alinhados para fazer a máquina rodar, com os produtos chegando às lojas no momento ideal. Nosso estoque hoje gira completamente doze vezes no ano. Para isso, toda a "engrenagem tem que estar lubrificada", para não dar gap, tanto na nossa venda para o franqueado, quanto na dele para o consumidor.

É um diferencial da Chilli Beans deter o poder da informação, fresquinha, do que acontece nos pontos de venda. Meu time sabe como cada um vendeu ontem. Isso é ouro para fazermos ajustes no curto ou médio prazo, dependendo da situação.

Ao longo do tempo, aperfeiçoamos as ferramentas de leitura de estoque da rede, realinhando conforme a necessidade do franqueado. Essa gestão faz que a roda do varejo gire de maneira mais fluida. A pandemia nos mostrou ser possível trabalhar nesse modelo. Exige mais foco, planejamento forte, menos imediatismo. Nosso fluxo, entre a ideia na planilha de Excel e o produto na loja, orbita na casa dos dez meses.

Dá para fazer mais rápido, mas é mais custoso. Aprendemos a fazer gestão de custos também. Quando entrei, 60% da produção vinha da China de avião, jeito mais rápido e caro para um produto de volumetria pequena e preço final acessível. O mais sensato, racional, é chegar de navio, só que demora uns sessenta, setenta dias, o que exige um planejamento antecipado e acertado, com visão de longo alcance apurada. Conseguimos nos estruturar, e atualmente 99% do que fazemos vem por via marítima.

Para quem tem inovação e agilidade na veia como o Caito, era difícil lidar com essa antecedência. Mas, hoje, ele fala com orgulho sobre já termos bem montado o planejamento para os próximos dois anos ou mais. Construímos um calendário de lançamentos das coleções temáticas e licenciamentos por sabermos de antemão quais serão os grandes eventos, além de estarmos afinados com parceiros como a Disney e a Warner, que dividem os calendários deles.

Há uma terceira parte do trabalho, mais subjetiva, com um pouco mais de risco. É quando o pessoal de design coloca sua visão. Por exemplo, "Ah, nos próximos anos vai estar na moda um modelo de óculos bem curvado". Trazemos para o nosso mapeamento e começamos a transformar aquilo em produto a ser distribuído daqui a um certo período de tempo. Acertamos sempre? Não, muitas vezes erramos. Outras vezes, lançamos antes do momento (pode ser tendência lá fora, mas demorar para virar no Brasil). Faz parte. Dá frescor à marca, a torna única.

Quando entrei na empresa, ela não tinha tantas coleções, tantas histórias para contar. E cada lançamento era pautado por aquilo que havia de estoque. A intensidade atual traz uma complexidade enorme, porque o produto tem início, meio e fim, ou seja, um ciclo de vida, determinado por nós, que coloca praticamente todos os departamentos dentro dessa dinâmica.

Quando lançamos a coleção da NBA, nossa cabeça, nosso coração, nossa energia estavam nessa collab. Cerca de 30% dos óculos nas lojas eram da coleção NBA. O marketing fez ações voltadas para a coleção, a House criou campanhas com esse foco. Um trabalho conjunto para fazer acontecer. Nossa gestão das equipes é para que todas essas pontas estejam bem amarradas.

Caito é um empreendedor consciente de que precisa contar com as pessoas e ser um gestor transparente, que se conecta com quem tem que se conectar, para colocar todo mundo na mesma página. É sensacional o quanto conseguimos quando estamos unidos. Não só internamente, mas com os stakeholders. Se um fornecedor lá na China enfrenta um problema, conta com a nossa colaboração para procurarmos, juntos, a melhor solução.

Está na nossa cultura ter não só o plano A. Se esse não funcionou, todo mundo já sabe como tocar o plano B, e assim por diante, para poder "tirar mais suco da laranja". A mensagem é: se está difícil, levante a mão, peça ajuda; não ache que apontarão o dedo para você. Esse espírito colaborativo é muito positivo, produtivo, tanto que floresceu cada vez mais no grupo. Num primeiro momento, alguns novatos até estranham. E quem não tiver essa característica já consigo normalmente não fica muito tempo com a gente.

Saber conversar é outra necessidade do empreendedor, uma que contagia os liderados. Sinto que muitos se fecham no seu mundo, acham que sabem tudo do seu negócio, escutam pouco quem está ao seu lado, e menos ainda quem está no balcão. Na pandemia, achei emblemático que nossos fornecedores se prontificaram a nos ajudar a construir o que funcionasse melhor para todo mundo.

Transparência nas relações é um valor que cultivamos. O poder de negociação está do nosso lado; mas vem do Caito, e perpassa toda a equipe, a orientação de que precisa dar resultado para as duas partes, ou não faz sentido. Não por acaso 80% dos nossos parceiros estão conosco por pelo menos cinco anos, e diariamente recebo mensagens de interessados.

A gente não entra em aventura, tem critérios para escolher fornecedores, visando construir uma história de respeito e credibilidade no que tange a qualidade, design, preço. E isso exige proximidade, mesmo que estejamos fisicamente distantes. A admiração que temos pelos nossos parceiros chineses é recíproca, justamente por termos ouvidos abertos para entender as dores deles e vice-versa.

Outra coisa que incorporamos do perfil do Caito é o instinto farejador de oportunidades. Quando visitamos as fábricas, por exemplo, não ficamos só naquele showroom bonitão preparado para nos receber. Pedimos para ver o que estão fazendo de diferente, as gavetas com materiais, os protótipos que foram deixados de lado, o que o pessoal de pesquisa e desenvolvimento deles está inventando.

Conseguimos ir além do que é espontaneamente mostrado e entender o potencial daquilo. Foi assim com nossa categoria Multi, de óculos de grau com lente solar fixada por ímã, que facilita a vida de quem precisa do acessório para enxergar bem. Vimos num fornecedor uma armação megafeia, com uma lente de nuvenzinha muito esquisita, deixada de escanteio ("O que dá para fazer a partir disso?"). Hoje, representa de 10% a 15% das nossas vendas.

Outra área importante do ecossistema é a nossa operação em Extrema (MG), onde fica o nosso Centro de Distribuição, galpão com estoque para abastecer o Brasil inteiro e outros países. Só para você saber, Caito vai até lá algumas vezes no ano, principalmente um pouco antes do Natal, quando o trabalho é mais intenso ainda. Entre efetivos e temporários, ele chega a se encontrar com umas 120 pessoas. E as chama pelo nome, cumprimenta agradecendo, leva gratificações; todos ficam felizes.

Volto ao que disse no começo. É importante escutar as pessoas, conversar, ter humildade, pois não sabemos tudo, estamos sempre aprendendo e buscando evoluir. Num coletivo com essa mentalidade, as coisas fluem de maneira muito mais gostosa, especial. A Chilli Beans chegou aonde está por conectar pessoas que enxergam o mundo não de maneira reativa, mas propositiva e com o coração aberto, para entregar o melhor a todos que se relacionam com a marca. E não só no macro, também no detalhe e no humano.

Eduardo Felix, head de expansão e internacional

Com duas décadas de Chilli Beans no currículo, peguei essa história no comecinho. Vivi esse tempo 100% dedicado a colocar em prática tudo o que aprendi para desenvolver o negócio. Gosto muito de franquia, então sempre estudei esse conceito, que está bem difundido no Brasil. E o Caito lidera respeitando e entendendo o outro lado, investindo de várias formas para que os franqueados possam também crescer e se orgulhar. Ficar próximo desses parceiros que constroem a marca junto é fundamental, ou todos perdem.

Eu tinha experiência nas áreas comercial e de novos negócios em empresas nacionais do segmento de varejo da moda, como a M.Officer e a TNG, quando cheguei (em 2005) na área comercial da Chilli Beans, que estava se estruturando. Um profissional de expansão fazia a abertura das lojas, e eu dava o suporte aos franqueados. Fomos montando um time de consultoria de campo, porque o que os franqueados compram é know-how. Fiquei por uns dez anos nessa área e função, até migrar para a de expansão, que abrange me relacionar com os candidatos e entrantes, além de montar um plano sustentável – para que progridam, ganhem dinheiro e abram novas unidades.

A expansão também é internacional, outro desafio para a minha carreira e para a Chilli Beans. Fazer a marca se firmar como global, crescer além do Brasil e ser relevante nos dezessete países em que entramos. Estamos nos cinco continentes, com o objetivo de crescer nesses lugares e em todos os estados brasileiros.

As pessoas estão compreendendo melhor a franquia como um modelo de crescimento, escalável. Porém, precisam tomar cuidado com esta verdade: nem tudo é franqueável. Quem quer franquear seu

> **PESSOAS NÃO SÃO NÚMEROS. MESMO COM A CHILLI BEANS CRESCENDO EXPONENCIALMENTE, SEMPRE FUI MUITO A FAVOR DE NÃO PERDER ESSA PROXIMIDADE COM NOSSOS FRANQUEADOS.**

negócio tem a grande responsabilidade de dar suporte àqueles que investem naquilo. São pessoas que estão vivendo um sonho, muitas vezes colocando recursos da vida toda na verdade da marca. Eu não digo mais "vender" franquia por saber que se trata de um sonho, um plano de vida para muitas pessoas que terão de se adaptar aos pilares do negócio e vivenciá-los. Será que estão dispostas a fazer isso? Só posso dizer que a sua vida realmente vai mudar.

Já deixamos de abrir lojas quando a empresa estava em momentos de formatar ou repaginar sua estratégia. Melhor pausar, segurar a expansão em determinado lugar para, numa segunda rodada, ir com tudo. Quem procura esse modelo de negócio, principalmente na condição de franqueador, tem de fazer um estudo antes, para entender se realmente tem apelo como franquia e se passa verdade.

Caito sempre diz que nossos mais de quatrocentos franqueados são sócios. Para mim, também são parceiros, amigos, família. Sem brincadeira, tenho um quadro na minha sala com a foto de cada um, o nome e a sua localização. Sei quem são aquelas pessoas e por que vieram para a Chilli Beans. Respeito os valores de cada uma. O mínimo que elas esperam é que você conheça seu rosto e as chame pelo nome, sabendo em qual cidade têm loja(s).

Essa pegada humanizada está disseminada na empresa toda. Pessoas não são números. Mesmo com a Chilli Beans crescendo exponencialmente, sempre fui muito a favor de não perder essa proximidade com nossos franqueados. Fazemos encontros presenciais para escutar o franqueado sobre suas demandas naquela região. Criamos um calendário para isso, além do relacionamento à distância, quando exercitamos a empatia.

Transparência é outra palavra-chave nessa comunicação. Não existe empresa perfeita. Todas enfrentam problemas. Só que a forma de resolver mostra a sua seriedade e competência. Conosco, a porta está aberta para conversarmos sobre as dificuldades. Criamos um comitê de franqueados, com este pensamento: "Ninguém tem solução pronta para tudo, mas juntamos parceiros para ajudar a responder". Sempre que eu escuto de franqueados "Nós vamos resolver", confirmo que entenderam o que é franquia. A partir do momento em que os franqueados se reconhecem fazendo parte de um corpo humano, que é a empresa, conduzem junto. Ganha um, ganham todos.

Surgem muitos investidores, mas deixamos claro na entrevista que desejamos franqueados que também queiram operar, envolvendo-se com a marca. A Chilli Beans não está procurando só dinheiro. Claro que é importante ter retorno financeiro, mas com pessoas que convivam, construam, inovem com a gente. Que queiram se relacionar, criar uma conexão duradoura. Nós temos franqueados faz 25 anos, com os filhos começando a assumir as operações. Ou seja, casos de sucessão na franquia.

Nós vislumbramos parcerias, no médio e no longo prazo, que possam evoluir. Com essa visão, criamos um projeto para oferecer essa oportunidade às próprias pessoas que trabalham na Chilli Beans, que têm amor pela marca, que conhecem muito bem o nosso DNA e querem participar desse movimento. Hoje, 20% da rede são ex-funcionários que viraram franqueados.

Damos o suporte, muitas vezes financiamos quem vai operar bem em várias regiões brasileiras. Usamos esse método de crescimento com quem a gente sabe que domina o know-how na sua região de atuação. A gente viu que, quando a pessoa coloca amor e dedicação, o negócio tende a ter sucesso.

Se franquia é uma troca de know-how, quem transfere também aprende mais e evolui. Um dos aprendizados que eu adoro é com franqueados nossos que também têm franquias em outros segmentos. É uma questão de estar com a cabeça aberta, como o Caito diz. Pode ser que o que deu muito certo antes não dê certo hoje, e nós tenhamos de nos adequar. Ainda mais nos dias de hoje, com tantas coisas acontecendo nos mundos físico e digital.

CAPÍTULO 8

VERDADE: PRATIQUE A SUA E FAÇA TUDO MAIS ACONTECER

© Filipe Arruda

▲ Time Chilli Beans na Superdose de Natal 2023.

A CHILLI BEANS É UMA EMPRESA MUITO GENUÍNA NOS SEUS valores e dedicada ao que se propõe a fazer. Gostamos demais do nosso produto e cuidamos muito bem dele, desde a concepção até o modo como chegará ao cliente. Nossa preocupação também é real com cliente, franqueado, colaborador, fornecedor, parceiro, influenciador. Não falta brilho nos olhos quando falamos de Chilli Beans.

Em poucas palavras, sentimos "tesão" por essa construção. Não é à toa que a verdade é nosso quinto eixo de sustentação. Ela está presente nos quatro anteriores, e ajuda a:

- respeitar a diversidade;
- disseminar conceito e posicionamento da **marca**;
- contar **histórias** que façam total sentido e que encantem;
- enxergar oportunidades e atrair parcerias interessantes para oxigenar esse corpo **mutante**.

Exercitamos nossa verdade na visita às lojas, no evento que montamos no navio, nos relacionamentos, no conteúdo das palestras, na cultura interna, nas campanhas institucionais e de produto – neste livro também. Queremos que ela esteja gravada feito tatuagem em tudo que somos e fazemos. E, assim, conquistamos a confiança do mercado para irmos mais longe.

Quem me conhece sabe que sou um cara 100% transparente, verdadeiro, *papo reto* mesmo. Trouxe para a empresa aquilo tudo em que acredito.

Você não confia em médico que só pensa em ganhar dinheiro, por mais conhecimento técnico que ele tenha. Não contrata engenheiro que não gosta de obra para levantar sua casa. De que vale fazer campanha publicitária exaltando a diversidade se ela não está representada no seu quadro de colaboradores, por exemplo? Só porque a agência disse para fazer assim?

Essa verdade a que me refiro é um pouco difícil de traduzir em palavras. É algo que a gente sente nas pessoas e nos negócios pelas atitudes e mensagens que passam nas entrelinhas.

INSPIRE-SE EM QUEM VOCÊ PERCEBE SER VERDADEIRO

Quem coloca o coração naquilo que faz é motivado e responsável, tem muito mais chance de ter sucesso por causa da sua verdade. Essa pessoa vai cativar seu consumidor e fazer tudo mais acontecer.

Na minha visão, o Rodrigo Oliveira, chef do premiado restaurante Mocotó e um dos jurados do programa MasterChef Brasil, tem verdade. Ele é a cara do Brasil. Valoriza as raízes nordestinas e o local onde tudo começou, a Vila Medeiros, e incentiva o empreendedorismo e a arte nesse bairro da periferia paulistana.

A Baw, marca de moda de dois jovens irmãos, vende conforto e liberdade nas suas roupas básicas bem-feitas com interpretações da modernidade. É de verdade a preocupação em atender vários padrões de corpo e jeitos de ser. A diversidade na escolha dos modelos para as campanhas reflete isso. E ainda apresenta de uma maneira bacana o Bom Retiro, região central paulistana onde nasceu a marca, destacando a pluralidade étnica, os pontos históricos e de incentivo à arte e à cultura.

Quando as marcas passam verdade, mantêm-se vivas mesmo após fecharem as portas. É o caso da Pakalolo, que transportava para seus produtos e posicionamento de marca o lema "de bem com a vida". Seus moletons, tiaras, mochilas, camisetas e jeans de cintura alta formavam o uniforme dos adolescentes dos anos 1990. Se fosse tudo colorido, melhor ainda, e havia licenciamento para estampar personagens da Disney, o que levava os fãs à loucura.

Enquanto a Pakalolo era sonho de consumo (e até hoje tem gente procurando adquirir peças na internet), várias outras foram criadas artificialmente, com tudo perfeitinho, e acabaram esquecidas.

Então, como é que se mede a verdade? Na reação dos colaboradores, nas vendas, no que está acontecendo ao redor, na maneira como os consumidores enxergam as iniciativas da marca, nas parcerias que consegue formar. Por exemplo, tenho uma relação forte com moda e música, fazendo sentido explorar esses pilares nos produtos, campanhas, eventos corporativos. Naturalmente, atraímos mais gente que também ama moda e música e quer interagir com nossa empresa.

ACHE A SUA VERDADE E NÃO A ABANDONE

É como encontrar uma história para chamar de sua. O que pega na sua veia? Busque a sua verdade e deixe que ela guie seus passos para patamares melhores. Se tem dúvidas, comece por me responder:

- Quem você é, de onde veio, o que é fundamental na sua jornada pessoal e que você traz para o negócio?
- Sente prazer no que está fazendo? Gosta mesmo do seu produto?
- Identifica-se genuinamente com a mensagem que sua marca transmite, a ponto de incorporá-la na sua vida de alguma forma?

Pela minha experiência de anos e anos empreendendo, digo que, de cinquenta empresários reunidos em uma sala, uns 70% estão só pensando em como ficar milionários. Os outros 30% sentem "tesão" pelo que fazem e querem que seu negócio cresça, encarando dinheiro como consequência, e não o principal objetivo. É com essa verdade, colocando paixão, que eu acredito que dá certo.

> **AS PESSOAS QUEREM SABER DE ONDE VEM A PERSONALIDADE DA CHILLI BEANS, E O SEGREDO ESTÁ REVELADO: A GENTE BEBE DE ÁGUAS DIFERENTES.**

Muita gente acaba perdendo o rumo e se frustrando por causa do lado comercial, porque aquilo vende, só que não tem nada a ver com a sua essência. Levando para o lado da música, cansei de ver bandas sendo "plastificadas". Faltava verdade. Mesmo tendo grandes músicos, produtores, gravadora, faziam menos sucesso que outras, mais simples, mas que sabiam colocar o coração nas suas criações.

Tanto sua empresa quanto as que escolhe como parceiras ou fornecedoras devem refletir a sua verdade. Porque o consumidor não é bobo. É só questão de tempo para ele descobrir se tudo que você construiu é mentira ou não. Sempre foi assim, mas agora está mais radical. A sua mensagem não pode ser artificial. Não pode ser por marketing, porque tem apelo comercial. O cliente de hoje não compra mais essa. Quer mensagens verdadeiras e propósito.

No mundo atual, isso está se tornando peça central do consumo. As pessoas buscam entender a fundo quais marcas e produtos estão consumindo, suas raízes e história.

ENCARE O DINHEIRO COMO CONSEQUÊNCIA

Em qualquer tamanho do negócio, o resultado importa muito. Mas é preciso analisar a qualidade dele. Significa ter domínio sobre "como" chegou lá. Tem uma história que ilustra bem essa preocupação.

Nos anos 1980, a Coca-Cola arriscou mexer na sua receita e mudou de sabor, mas a maioria dos consumidores detestou a novidade.[10] Além de uma avalanche de protestos, os próprios cola-boradores estavam levando para casa bem menos Coca-Cola do que a cota a que tinham direito.

Em 79 dias, essa gigante retornou à receita original, passando a mensagem poderosa de que o que mais importava eram os consu-midores, verdadeiros donos da marca. O principal gestor, à época, inclusive afirmou que nem dinheiro nem pesquisas (como a que moti-vou a mudança de receita) puderam medir os laços emocionais e a paixão que os consumidores tinham pela Coca-Cola original. Isso é muito sério, traz uma boa reflexão para os empreendedores.

No nosso caso, hoje buscamos resultado com qualidade estimu-lando maior consciência ambiental, trazendo designs conceituais e inovadores a partir de materiais orgânicos, reciclados e biodegradá-veis. Não é por modismo, estamos entendendo a profundidade do problema. Em 2021, investimos em óculos e relógios com resíduos retirados do fundo do mar, por exemplo.

Isso para nós não é "tendência", é propósito e comprometimen-to. Esses são os meus valores e, agora, também são os da empresa.

Com a coleção Eco, a gente está se tornando umas das marcas de óculos escuros mais sustentáveis do mundo. Decidimos que uma parte do nosso portfólio será de óculos fabricados com material *eco--friendly*. A responsabilidade pelo planeta é de todos nós, incluindo empresários! A família Chilli Beans quer fazer a sua parte. É muito es-tudo, muito desenvolvimento, muitas horas quebrando a cabeça para ficar nesse trilho.

Desde o início, praticamos no dia a dia a diversidade, respei-tando as pessoas do jeito que elas são. Penso que a Chilli Beans já fez muito pela sociedade nesse sentido e segue praticando essa verdade. É uma das marcas no mundo que mais empregam perfis profissionais diversos.

É fácil falar de sustentabilidade e/ou diversidade quando todo mundo está falando, mas pode deixar os outros desconfiados.

10 O DIA em que a nossa fórmula mudou: a verdadeira história da New Coke. **Coca-Cola Brasil**, 13 nov. 2012. Disponível em: https://www.cocacolabrasil. com.br/historias/historia/o-dia-em-que-a-nossa-formula-mudou–a-verdadeira-historia-da-new. Acesso em: 5 jul. 2023.

É de verdade ou é máscara para vender mais? Existe até um termo, *greenwashing* (ou maquiagem verde), para se referir a empresas que adotam o discurso de preservação do planeta só para atrair consumidores ou investidores, sem a preocupação de fato expressa nos seus processos e posturas. Também vemos casos em que havia muita verdade, mas ela foi perdida, esquecida, apagada posteriormente por atitudes contraditórias.

Não vou nem comentar sobre empresários que só querem ganhar dinheiro e tomam decisões que prejudicam comunidades, fornecedores, consumidores. Eles não passam verdade, não servem como inspiração. Toda verdade começa com uma atitude.

Tanto no *Shark Tank Brasil* como no meu programa de rádio, tive contato com muitos profissionais que me passaram verdade. Mais ainda no segundo, porque minha equipe e eu procuramos convidar gente apaixonada pelo que faz. No reality-show, chegavam muitos empreendedores com brilho nos olhos, paixão pela sua criação, história de luta, mas também alguns que não tinham nada a ver com aquilo que vendiam. Queriam apenas atrair alguém com o bolso cheio de dinheiro. Eu avisava: "Se o objetivo for só grana, você pode ir ao banco, não precisa de sócio".

Sempre me interessei por aqueles que faziam o *pitch* com desejo genuíno de construir algo com a sua verdade e passá-la adiante. Dessa forma, traz oportunidades, e não oportunismo. São escolhas. Quem você quer ser quando crescer? Como quer ser lembrado? Decida agora mesmo e dê uma guinada, abra seu horizonte, ganhe motivação interna para enfrentar as adversidades e sair íntegro delas.

Para mim, o caminho a escolher é muito claro. Sou procurado por muitos empreendedores brasileiros e estrangeiros que desejam me mostrar um negócio. Adivinha o que vou observar em primeiro lugar? Claro que precisa dar resultado financeiro, mas não é pelo fim que uma boa história começa.

HUMANIZE O NEGÓCIO MOSTRANDO QUEM VOCÊ É

Todos os negócios são feitos de pessoas para pessoas. Então vale a pena procurar ser um gestor presente, que "mostra a cara", para dizer o que pensa e a que veio, partilhar o que faz de bom e até algumas vulnerabilidades.

Depois que comecei a gravar o *Shark Tank Brasil*, e sou grato por essa oportunidade, recebia muitas mensagens on-line de pessoas dizendo que viraram clientes da Chilli Beans. É um assunto que me deixa emocionado, porque desde então recebo tanto carinho nas ruas, nos shopping centers e aeroportos! Por quê? Porque viram verdade. Não estou me gabando. Ouvi repetidas vezes, por seis anos, que gostaram de me conhecer e de como me posicionava.

A Chilli Beans ganhou mais de 30% de *market share* no Brasil, o que confirmou o que penso: o consumidor hoje quer saber quem é que está dirigindo determinada marca. Como essa pessoa trata as outras, quanto amor coloca no que faz, quais são seus sonhos e visão de mundo. Tudo isso influencia na decisão de consumo, e você dá uma cara, uma personalidade para sua marca.

Esse foi um dos motivos que me levaram a reforçar a minha presença nas diversas redes sociais, mostrando um pouco do meu lifestyle, bastidores da Chilli, curiosidades, um pouco da minha rotina… verdade, sacou?

Essa influência pela sua verdade também deve ser positiva no ambiente interno. No meu caso, estou sempre motivando os funcionários, fazendo escuta ativa, exaltando o trabalho dos lojistas e a importância deles para o sucesso da marca, dando apoio às equipes da franqueadora e diretamente aos franqueados. Sendo ético, do bem, com todos. Falo a língua da *galera*, comigo é *papo reto* e as pessoas se sentem bem assim.

NÃO É PELO FIM QUE UMA BOA HISTÓRIA COMEÇA.

Na minha opinião, só é negócio quando você e eu saímos bem dele, e não só eu. Uma consequência disso é ter fornecedores, funcionários, parceiros e clientes há muitos anos. Temos de ser uma geração de empresários que quer o bem das pessoas, que faz sucesso sem *ferrar* ninguém. Acredito que o bem chama o bem e transmite credibilidade para toda a sua cadeia.

Não quero ser romântico, e sim jogar simples. Não é para se angustiar, achando que precisa deixar um legado grandioso ou ter como propósito mudar o mundo... Você "não tem que..." nada, só precisa ser verdadeiro no seu dia a dia. É mais simples do que imagina. Está na sua mão. Seu produto não precisa mudar o mundo. Mas, quando o cliente entra na sua loja, o mundo dele precisa mudar, sim.

Na lupa do Caito
Formato de loja Eco Chilli

É como chamamos nosso mais novo modelo de loja, um contêiner feito totalmente de plástico reciclado, com luz gerada a partir de painéis de energia solar. Tem a pegada ecológica de que gostamos muito e chega de guindaste. Nossa estimativa é reaproveitar com cada Eco Chilli uma tonelada de plástico que seria descartado.

ACESSE O QR CODE E SAIBA MAIS SOBRE A ECO CHILLI.

Para quem quer adquirir uma franquia nossa, é a opção mais barata, prática e rápida de ser instalada. Em 15 m², dá para trabalhar com as principais coleções da marca e os lançamentos. Vimos como oportunidade espalhar esse modelo pelo Brasil, pois ainda não estávamos em 750 municípios potenciais. O plano inicial, que durou seis meses, era colocar em quatrocentas cidades menores, de até sessenta mil habitantes. Não funcionou tão bem desse jeito.

Foi preciso jogo de cintura para fazer ajustes. Testamos em parques, pontos turísticos e postos de gasolina de estrada e outros locais alternativos com alta circulação de pessoas, e o retorno nos empolgou. Resolvemos seguir por esse segundo caminho. Continuamos a abrir os mesmos Ecos, podendo estar numa estrada que não seja necessariamente em uma cidade com até sessenta mil habitantes.

Chega num caminhão, e você põe a loja onde quiser. Se naquele ponto ou cidade não estiver indo muito bem, a mudança tem baixo custo. Quando começamos a testar, em 2022, não sabíamos se seria melhor em um posto de gasolina ou no estacionamento do hipermercado, por exemplo. A vantagem é esta: com o contêiner, vamos achar onde está o consumo para levarmos essa oportunidade.

Thiago Maino, diretor comercial

Quando entrei na área de planejamento da Chilli Beans, em 2004, havia umas sessenta, setenta lojas. Hoje, são mais de mil. Sou formado em Administração, pós-graduado em Marketing, tenho MBA em Negócios; e a minha experiência anterior foi 100% trilhada no comércio, em empresas que eram fortes no varejo de moda. Comecei na TNG, depois fui com meu diretor para a Forum/Triton, mas não me adaptei nem com a empresa nem com a cultura.

Em menos de um ano, recebi convite da Bianca Yurhi, por indicação do Eduardo Felix, para entrar no time comercial. Hoje, sou responsável por toda a parte comercial, tanto da Chilli Beans vermelha quanto da Ótica Chilli Beans. Vivo na prática os cinco pilares que o Caito traz e sei que não tem faturamento sustentável, com qualidade, sem coexistir investimento nas pessoas e carinho com marca, sem agir com resiliência e coerência com o que se promete. Sem essa conexão, o resultado não vem.

Eu sempre falo para o meu time que o dinheiro é consequência. Os números são resultado de uma série de cuidados com a marca e com as pessoas. Dentro disso, há ainda o relacionamento com os clientes, que se encantam com as histórias tanto quanto nós. Também há o espírito de não desistir nem desanimar, e da verdade que cria valor. Para mim, é uma equação.

Para termos os melhores do mercado colaborando com a marca, precisamos trabalhar com a verdade. Eles não vão "comprar" uma ideia errada. É necessário ter uma crença que gere conexão com mais gente que também acredita nisso, e temos sempre que focar no lado do bem, pois essa verdade é a base para haver engajamento.

Ou seja, precisa existir uma verdade por trás das ações da empresa para que as pessoas queiram fazer parte dela. E o que é esse engajamento na prática? Começa por falar "bom dia", "parabéns", "muito obrigado". Isso já é cuidar do pilar pessoas. Um gesto simples, atencioso, pode fazer a diferença no trabalho e no bem-estar de quem está do nosso lado.

Com esse carinho, esse respeito, a gente ganha ainda mais engajamento e verdade. Outro fator extremamente importante é o reconhecimento e a comemoração. Está intrínseco na cultura Chilli Beans os movimentos de reconhecer as vitórias e comemorar junto. E tem mais: nas derrotas vamos estar juntos também.

Na minha visão, nosso maior diferencial na gestão de pessoas é a cooperação. Isso é muito enraizado, muito forte não apenas entre os pares. O time inteiro batalha por um bem único, um objetivo único. Em vez de um querer puxar o tapete do outro, um soma ao outro dizendo "vamos juntos" quando surgem problemas. Se for financeiro, contarão com o meu apoio para resolver, e não ficar caçando culpados. Esse espírito colaborativo é o que mais chama a atenção dos profissionais que vêm de fora, do mercado.

Um aspecto que fortalece essa cooperação no corpo executivo é termos o lucro da empresa como uma meta de todos. Queremos vender muito e também não podemos gastar mais que o necessário. Essa união é importante para reequilibrarmos rapidamente a balança financeira quando, por variados motivos, acabamos pesando mais em um lado ou em outro. Porque o que nos interessa é que o conjunto de todas as iniciativas com dinheiro seja positivo, e a Chilli Beans é uma empresa batedora de meta.

Conhecemos várias empresas ainda no modelo mais individualista, com cada departamento preocupado em dar justificativas para o resultado que não alcançou. Nós empregamos energia não nas justificativas, mas na construção. Estamos preocupados em como reverter nossos erros em acertos com um plano de ação conjunto, não com um mandando mais que o outro. Se estamos com um problema, vamos botar foco nele, que até o fim do dia o solucionaremos juntos.

A empresa também nos dá autonomia para resolver, o que tem a ver com liberdade de ação. Repare que eu sou responsável pelo faturamento/vendas e até aqui falei muito mais de pessoas do que de números. É porque ninguém faz nada sozinho. Ou todo mundo ganha ou todo mundo perde. Eu sou um cara que valoriza demais as pessoas por saber que a motivação e o engajamento delas fazem o resultado final.

No nosso caso, estamos falando dos brasileiros que trabalham na franqueadora (cerca de 250 pessoas), dos mais de trezentos franqueados e de todos os contratados para suas lojas (em torno de 6 mil vendedores). Conseguir esse engajamento, essa cooperação, essa disposição para vencermos juntos os obstáculos é possível porque a marca contagia com muita verdade, reconhece o empenho e comemora cada resultado que todas essas pessoas trazem.

Gosto muito das nossas visitas às lojas espalhadas pelo país. É quando ouvimos, sem intermediários, o vendedor, o supervisor, o franqueado, para saber o que os nossos clientes querem nos transmitir. Ficamos de ouvidos bem abertos para escutar a realidade. Isso tem muito mais valor do que contratar uma consultoria externa, que nunca respirou o ar da empresa antes, ou nos restringirmos às ideias que saem das reuniões de escritório.

Quantas empresas você conhece que realmente escutam a realidade, ou seja, o que os clientes querem dizer? Fazemos isso de uma maneira construtiva, visando melhorar o que eles nos pedem.

Todos os meses, reunimos, junto com o Caito, um responsável de cada área para visitar cidades e lojas. Como pelo menos 90% dos cerca de 4 mil vendedores e mais de quatrocentos franqueados idolatram o Caito, é um momento de troca de carinho muito especial. Vários tremem não de medo, mas de felicidade com esse contato direto ("Poxa, o fundador veio conversar comigo, saber o que eu faço e penso, apertar a minha mão?").

Se essa é uma maneira de reconhecimento? Total. A gente leva uma placa para o vendedor que mais está se destacando naquela loja, geralmente acompanhada de óculos da marca com o nome dele na haste. Apresentamos também a meta do próximo trimestre. A maioria das lojas prepara algum presente para o Caito, pensando no que pode agradá-lo – por exemplo, algo relacionado a uma banda de rock que ele ama, como Rolling Stones. Tem uma simbologia, não é um gesto forçado.

A gente também coloca 2,5 mil pessoas da família Chilli Beans em um navio, junto com fãs, convidados, jornalistas e influenciadores. É a melhor imersão multicultural em alto-mar! São cinco mil pessoas interagindo com o Caito do jeito que ele gosta, com muitos shows, manifestações de moda e arte. A nossa Superdose, que é a convenção anual de vendas da empresa, é preparada com um ano de antece-dência para surpreender essa plateia e acarinhar principalmente os vendedores e demais responsáveis pelas lojas. Eles amam o momento Oscar Chilli Beans, quando os melhores do ano são premiados. Deli-ram conhecendo os próximos lançamentos de produtos em primeiríssi-ma mão e vibram com os hits do momento, cantados para eles pelos artistas que levamos.

Isso tudo traz engajamento e fortalece ainda mais o DNA da em-presa. Por isso, faço questão de ressaltar o pilar pessoas. Chegamos ao resultado financeiro graças às verdadeiras loucuras que fazemos para valorizarmos os cinco pilares que são apresentados neste livro.

Tenho um lado muito humano, e sabe por quê? Por estar há tanto tempo na Chilli Beans, aprendendo sempre com o Caito, quando ele acerta e quando erra também. Ele não é perfeito, assim como ninguém é. Eu me espelho muito nesse cara super-humano. É uma das qualidades que me inspiram.

Há um segundo pilar da Chilli Beans, um no qual o Caito é "pós-graduado, mestre, doutor" e tem a técnica: estou falando da sua preocupação com a marca. Não sei como ele conseguiu dominar tão bem a arte do marketing; não foi puxando o saco de ninguém, porque nem precisa. Lembro que, na outra empresa em que trabalhei, para vender, para chegar ao resultado, ficávamos no patamar básico das promoções do tipo "pague dois, leve três", "ganhe 10% de desconto na segunda peça", que muitos no mercado ainda fazem.

Sabe por que a Chilli Beans está viva e mais forte do que nunca, expandindo dentro e fora do Brasil, enquanto marcas famosas de moda dos anos 1990 perderam fôlego? Porque, desde o início, o Caito tem um carinho e um cuidado tão especial com a marca, algo que eu nunca havia visto antes com outros donos. Ele a trata como um filho.

Por exemplo, ele me ligou depois das 22 horas para alertar que a campanha da nossa coleção Eco, lançada no BBB 23, não estava no ponto de venda do Aeroporto Internacional de Guarulhos (SP), um dos maiores da América Latina e do mundo, minutos antes de embar-car para encontrar nosso parceiro de negócios na Europa. Seu intuito não era de tirar satisfações, cobrar, dar bronca. Ele estava cuidando da marca e contribuindo para agilizarmos a solução de uma lacuna.

A palavra "verdade" tem que entrar também. Somos a empresa da diversidade, e não queremos preconceitos de nenhuma ordem. A marca sempre carregou muito o viés da música, mas, mesmo sendo muito rock and roll, é democrática. Fala com o Brasil todo, com diversos públicos, por isso fez coleção com a diva do rock Rita Lee, assim como com o rapper Xamã e também com o sertanejo Luan Santana.

Estouramos de vender produtos elaborados junto com os sertanejos, foi muito bom para os nossos consumidores que adoram esse estilo musical.

Anos atrás o Caito falou que estavam abrindo quiosques para concorrer com a gente vendendo óculos a preços baixos. Sabendo que essa estratégia é frágil, ele nos cutucou para saber qual seria o nosso diferencial. Decidimos colocar temas, contar a história dos nossos produtos. Hoje, temos parceria com o DJ Alok, licenciamento com as sagas Harry Potter e Star Wars, com a banda Rolling Stones...

Há uma década, Caito enxergou esse diferencial que mais tarde grandes marcas do varejo buscaram trazer, reconhecendo que também precisavam ter uma história para contar com seus produtos.

Tomar tanto cuidado com a marca impulsiona a Chilli Beans para estar onde está hoje. Caito poderia colocar muito mais dinheiro no bolso a curto prazo. Poderia não ter começado o projeto do navio, por exemplo, mas ele apostou no ineditismo institucional, na construção. E depois de mais de uma década, isso só me confirma uma coisa: graças a Deus, a Chilli Beans está onde está por conta dessa ousadia, desse carinho e dessa verdade que o Caito imprime no trabalho e na vida.

CAPÍTULO 9

COM DISCIPLINA E EQUILÍBRIO, VOCÊ VAI SE FORTALECER

▲ Cerimônia com os Yawanawás no Chilli Mob Cruise 2023.

É INACREDITÁVEL COMO DISCIPLINA E EQUILÍBRIO SE COMPLE-mentam para fortalecer a sua vida profissional e pessoal. Muito do que conversamos até esta página só vai dar certo com esses dois *drives*. Não dá para depender só da motivação, porque ela vai e vem. É normal; somos humanos. Mas, se você fizer o que precisa ser feito com constância e mantendo corpo e mente minimamente sãos, vai longe! Vale para o job, para a vida, para tudo!

Quem convive comigo de perto sabe que disciplina é uma palavra que sai da minha boca o tempo inteiro. Digo em palestras e mentorias, por exemplo, que a pessoa talentosa sem disciplina não chega a lugar nenhum. A disciplinada, mesmo sem grande talento, vai longe.

Tenho um time cheio de talentos marcando um gol atrás do outro, e isso me dá tranquilidade para dizer que não me considero talentoso, mas, sim, disciplinado. E isso possibilita chegar a resultados consistentes nos eixos que acabamos de discutir. Afinal, você precisa de **pessoas** para construir uma **marca**, que precisa de **histórias** bem contadas e ser uma empresa **mutante**, com muita **verdade**.

> **VOCÊ PRECISA DE PESSOAS PARA CONSTRUIR UMA MARCA, QUE PRECISA DE HISTÓRIAS BEM CONTADAS E SER UMA EMPRESA MUTANTE, COM MUITA VERDADE.**

Para fazer esse percurso com equilíbrio, outra palavra que uso muito e pratico na minha vida pessoal, sem pesar a mão nas decisões do negócio nem acabar com a própria saúde, é muito recomendável que você seja um gestor disciplinado. Capaz de pôr força, energia, ousadia para alavancar realizações, mas não o tempo todo. Porque ninguém aguenta. Façamos como os atletas, que aprendem a equilibrar treino e descanso, e os cantores, que sabem a hora de soltar sua voz e a de poupá-la.

O sucesso depende de disciplina e equilíbrio, até para se policiar de querer trabalhar sem parar, por gostar tanto do que faz. Muitas pessoas estão tão mergulhadas no negócio delas que acham que não podem se divertir um pouco. Reforço com meus diretores e gerentes que tanto é necessário termos conversão e atitude com resultado quanto escaparmos da rotina, para voltarmos com a energia renovada. Eu mesmo, no passado, acumulava três, quatro anos sem tirar férias. Não mais.

Use a disciplina a seu favor. Parece uma palavra dura, mas não é. A gente gosta de falar de equilíbrio. Soa mais leve. Porém, se você não tiver disciplina, não conquista equilíbrio. Até para o prazer ela é útil. Quando a gente descansa a cabeça, vem um monte de ideias e, muitas vezes, a solução para aquele problema mais preocupante. E isso vale para o time inteiro.

DISCIPLINA É ENSINADA PELO EXEMPLO

São necessários milhares de horas para atingir a excelência em determinado campo, e esses milhares de horas repetindo algo só acontecem com muita, muita disciplina. Realmente se adquire essa habilidade com repetições, e não com situações pontuais. As primeiras três ocorrências serão difíceis, mas depois você verá como são essenciais para fazer a boa gestão de uma empresa.

No entanto, se não é algo que vai continuar nem se repetir, não é aí que você vai desenvolver disciplina. Tem mais a ver com se adaptar às mudanças, como quando cancelei o navio por causa da pandemia.

Aos 17 anos, eu já exercitava a disciplina para reconstruir minha imagem. Fechei a boca, comecei a me exercitar e a correr, perdi 50 quilos dos 130 que estava pesando. O metabolismo da juventude colaborou, e isso turbinou a autoconfiança. Não custa lembrar que quando você exercita a disciplina em uma atividade, facilita replicar em outras. E dividir o objetivo em minietapas facilita concretizá-lo. Ou seja, no lugar de cem vendas on-line no mês, pelo menos dez por semana.

Desde 1997 até hoje, continuo recebendo todas as terças-feiras uma planilha com todos os resultados de vendas, lucratividade e outros indicadores do negócio (KPIs). Essa planilha é como um check-up do coração, pulmão, braço... São mais de vinte e cinco anos acompanhando a vitalidade desse corpo humano que é a empresa, e o time se acostuma com essa disciplina. Sabe que toda semana tem de atualizar as informações sobre o funcionamento de cada área, porque eu vou ver. O grupo se reúne para analisar a planilha e se prepara para responder às minhas dúvidas.

E tem mais: todas as manhãs recebo o fechamento dos caixas das lojas do Brasil inteiro. E todos os dias vejo esses números. Já telefonei para lembrar alguns esquecidos ("*Querido, cadê o caixa?*"). Essa disciplina vai gerando o quê? Comprometimento com o resultado. O que não dá é exigir aquilo que você não é e não faz. Quem lidera tem de dar o exemplo.

DISCIPLINA PARA SEGUIR O PLANO

O EMPREENDEDOR DISCIPLINADO APROVEITA MELHOR AS SITUAÇÕES MAIS IMPREVISÍVEIS, DIFÍCEIS, DESAFIADORAS OU PROPÍCIAS.

Vale se treinar a sempre transformar problemas em oportunidades e a concretizar mudanças. Em outras palavras, ter a disciplina de procurar, nos momentos bons e ruins, tirar mais "suco da laranja". Dá para dizer, inclusive, que o empreendedor disciplinado aproveita melhor as situações mais imprevisíveis, difíceis, desafiadoras ou propícias.

Ela é o grande lance, a grande força que você vai ter para enfrentar o que vier pela frente. Nos momentos bons, incríveis, maravilhosos, a disciplina ajuda você a planejar como vender mais, crescer e, principalmente, realizar, persistir até acontecer. Quando "o bicho pega", ela é ainda mais útil para ultrapassar tempestades.

Vou dar um exemplo: quando veio o lockdown em 2020, a minha ordem foi "Não paga mais nada além do salário das pessoas, nem imposto". Avaliávamos despesa por despesa para não perdermos esse foco, até conseguirmos fazer caixa. E o dinheiro começou a aparecer para superarmos a fase mais crítica da pandemia. Decisão radical? Não, decisão lógica focada nas nossas pessoas.

Já quando o time monta o planejamento para o ano seguinte, não existe tanta disciplina no início, para dar vazão às ideias e propostas. Duas são selecionadas para serem implantadas. Por mais maravilhosas que sejam as outras, não podem continuar no páreo. Vai doer abrir mão delas? Sim. Mas, se achamos dois caminhos novos e interessantes para exercitar, devemos nos concentrar neles – sem esquecermos do nosso arroz com feijão. Disciplina, mais uma vez, para não querer abraçar o mundo, evitando, assim, diluir o foco, desperdiçar recurso, estressar o time.

DISCIPLINA PARA PASSAR CREDIBILIDADE AO MERCADO

Fomos a uma reunião com um banco certa vez e falamos algo assim: "Este é o nosso plano para um novo negócio. Vamos crescer este ano com óticas, em função do aumento de casos de miopia entre crianças e jovens durante a pandemia. Também vamos focar nas lentes de grau, para aumentar a nossa venda desse produto. Também descobrimos uma alternativa de expansão, com lojas móveis usando material reciclado, em contêiner". Beleza.

Depois de seis meses, em uma reunião de *follow-up,* continuamos a falar daquele plano, relevando os avanços. A meu ver, é assim que tem de ser. Mas o diretor do banco me fez altos elogios por conseguir concretizar o plano que traçamos. Explicou que o mais comum é o pessoal das empresas ficar falando só de coisas novas sem se lembrar do que apresentou anteriormente.

No nosso caso, a gente havia informado que cresceria com a ótica, as lentes e com lojas móveis mais sustentáveis. Na reunião foi dito o seguinte: "Lembra do que te falei sobre a nossa ótica? Já estou com trezentas lojas. Olha só esses números de vendas que alcançamos com nossas lentes de grau... O projeto das Eco Chilli está andando". E eu ouvi do diretor: "Opa, vocês têm cauda longa".

Você só tem isso com disciplina, entendeu? É maravilhoso contar que vai fazer e acontecer com suas descobertas incríveis. E depois? O que está concretizando? Falou que tinha descoberto ouro, mas agora nem se lembra? Consistência, foco, repetição, evolução.

Na Chilli, nós somos muito sonhadores, mas muito mais fazedores. *Botamos pra quebrar* em busca dos objetivos que definimos e com que nos comprometemos.

CONQUISTANDO SAÚDE MENTAL E FÍSICA

Sem dúvida, para empreender bem e ser resiliente diante dos obstáculos, é preciso cuidar de si mesmo, da própria saúde mental e física.

A disciplina também faz que você se alimente bem e se exercite para ter energia, tenha ótimos momentos com amigos e familiares, vá ao médico e realize exames, organize saídas para conhecer coisas novas etc.

Tenho vários exemplos mostrando o quanto isso é importante em todos os sentidos. Em várias situações, eu poderia ter enfiado os pés pelas mãos. Só que não. Com a carga de responsabilidades que tive nos últimos vinte anos, o fato de fazer exercício físico e de buscar equilíbrio interior meditando, me alimentando de maneira saudável, rezando, trocando afeto com a família, viajando me ajudou a estar vivo. Estou falando do risco real de sofrer um infarto, um AVC e afins. Aprendi com meu pai que férias são essenciais. É um momento em família que levamos para o resto da vida. E mudar de cenário oxigena a vida.

O que mais vemos são pessoas que só resolvem ter a disciplina de cuidar regularmente da saúde física, mental e até da espiritualidade depois que tomam um grande susto. Eu digo: você não precisa deixar chegar a esse ponto. Pode começar desde já! Ao começar a malhar, vai ficar com o corpo dolorido? Vai. Talvez passe os primeiros meses reclamando. Mas é assim que você conquista a disciplina. É como diz a Nike, talvez no slogan mais famoso de todos: *Just do it* (apenas faça, em português).

Eu queria ir com frequência à academia, mas não conseguia. Só virou rotina, compromisso, em 2009, quando decidi treinar com um personal trainer. Saber que havia um cara me esperando me fazia ir até lá. *By the way*, ele se tornou meu amigo e foi meu padrinho de casamento. Começo o dia "subindo o morro" com a esteira na inclinação quinze. Quando não me exercito, não consigo nem pensar. E a atividade física não me impede de estar conectado, atento pelo celular – que veio para facilitar a vida, e não para desviar a gente do que é importante.

Incentivo à beça meu time a também investir em saúde física e mental. Mas senti a necessidade de ir além. Em janeiro de 2023, implementamos um programa para trabalhar a felicidade dentro

ACESSE OS QR CODES E SAIBA MAIS COMO É TRABALHAR NA CHILLI BEANS.

da Chilli Beans, promovendo um ambiente de empatia, respeito e autonomia. Uma vez por semana, reunimos colaboradores de diferentes setores para apresentar a iniciativa e desenvolver ferramentas que ampliem o olhar para seu bem-estar, equilibrando a mente e as emoções.

Quem coordena é uma especialista em Ciência da Felicidade, a Denize Savi, que eu amo – essa mulher incrível com quem tenho o privilégio de ser casado e que é mãe do meu quarto filho, nascido em 2023. Ela ensina que é possível transformar o clima interno, desenvolvendo um ambiente com segurança psicológica, que dê espaço para que os funcionários partilhem suas opiniões e ideias, mostrem suas habilidades, assumam riscos, admitam falhas e aprendam com elas, sejam inovadores e tenham discussões abertas. Denize é a CHO – Chief Happiness Officer – da empresa, um cargo que está se multiplicando em organizações pelo mundo todo.

Criar uma cultura humanizada começa por você agir como ser humano antes de tudo. É um exercício de humildade. Porque, no fim das contas, mesmo fazendo tudo que um empreendedor faz pelo seu negócio, incluindo o que compartilhei até aqui, o que mais conta é essa relação simples e honesta que você tem com as pessoas.

Não vamos deixar o sangue esfriar de jeito nenhum

Cuidar da saúde física, emocional, mental, espiritual me faz trabalhar (e viver) melhor. Mas já pensei diferente. Durante quinze anos, trabalhei de domingo a domingo. Atualmente, tenho uma visão mais equilibrada. Se você quer transformar sua ideia em um negócio grande, terá que botar para quebrar, botar energia, ou não vai pulsar. Não pode deixar o sangue esfriar.

Apenas esteja consciente de tudo que está fazendo – e sacrificando – para mais na frente, quando puder (re)balancear as prioridades na vida, enxergar saldo positivo e poder desacelerar um pouco e equilibrar. Será que se eu não tivesse dado um gás nas vendas de óculos naqueles quinze anos, sem folga, estaria onde estou hoje? Creio que não.

Empreendedores querem ser bem-sucedidos e também viajar, ter vida social e segurança, proporcionar o melhor à família, praticar esportes, estudar e muito mais. Por outro lado, se ficarem doentes de tanto trabalhar, não conseguirão realizar tudo que almejam. Ou talvez fiquem milionários, mas não possam usufruir do império que construíram.

Como resolver essa contradição? Conhecendo seus limites.

Assumo ser uma contradição. Da mesma maneira que estou falando que você deve buscar equilíbrio entre pessoa física e jurídica, também admito que terá que se dedicar intensamente para fazer acontecer. Vários empresários me contam que, em certa fase, chegavam em casa com o filho dormindo, mas que seu esforço trouxe os benefícios que hoje estão usufruindo com a família.

Se faz parte de um projeto de evolução, de construção de algo maior, acho válido por um tempo. Felizmente, hoje em dia dispomos de ferramentas e de informação para melhorar a qualidade de vida dentro do possível para o momento. Eu não tinha essa consciência lá atrás. Achava que estava tudo bem dormir pouco, por exemplo.

Mais do que nunca, a gente sabe o que é bom, o que é ruim. Quanto mais cuido do meu corpo, mais a minha cabeça funciona e a minha energia aumenta. Rejuvenesço. Melhoro meu foco, memória, humor, sono. A mensagem é a seguinte: é nossa obrigação cuidar da própria qualidade de vida. Com informação, encontrará meios de melhorar a sua. Isso vai aumentar muito o seu desempenho e disposição e te dará uma vida longa para tocar a empresa.

Acordou cansado hoje? *Vamo aí, meu!* Recupere o fôlego, que você tem muita coisa para fazer!

SUA VERDADE IMPORTA MUITO

Agora chegou a hora de praticar! Com as perguntas a seguir, e as *suas* respostas, você poderá ter uma ideia de como o seu negócio está lidando com os eixos que abordamos. Fica a seu critério semear mudanças com os insights que tiver.

SOBRE PESSOAS

- Como você lida com/trata as conquistas e as derrotas do seu time?
- Como está buscando parceiros e pessoas para trabalhar ao seu lado?
- Você está contratando a pessoa puramente pela técnica ou pelo envolvimento que ela pode ter com a sua marca?

A ideia com essas perguntas é pôr holofote na contratação, porque nem sempre as pessoas muito boas tecnicamente vão funcionar bem na sua empresa, combinar com seu propósito e jeito de fazer. Quando você está crescendo e acha um profissional incrível na área dele para estar do seu lado, consegue voar. É por isso que quero tocar no ponto de como você trata quem já está dentro de casa e quem vai estar, para que busque no mercado gente com a mesma essência que você tem (ou quer ter) no seu negócio.

SOBRE MARCA

- Você tem agência de propaganda ou profissional de marketing na equipe?
- Se tem esse suporte, deixa que a agência ou o profissional faça provocações para você evoluir?
- Qual mensagem sua marca está passando para o consumidor?

Nunca é tarde para começar a fortalecer sua marca e vender valor agregado, parando de brigar por preço.

SOBRE HISTÓRIA

- Por mais que sejam normais para você (e é natural que sejam), está contando histórias do seu negócio para o cliente?
- Está treinando o seu time para contar essas histórias?
- Está buscando mecanismos para que essas histórias cheguem ao seu time, ao seu vendedor e consequentemente ao seu cliente?
- As histórias que você conta estão encantando as pessoas?

Observe se está contando uma história que faz brilhar os olhos, assim você vai saber se continua com essa ou se acha outra. Lembre-se: todo mundo tem alguma história que pode encantar o seu consumidor.

SOBRE SER MUTANTE

- Você está tendo jogo de cintura para lidar com mudanças e se adaptar a elas?
- Está realmente entendendo o que acontece no mercado e vendo oportunidades?
- Está exercitando isso com o seu time?

Encarar o erro com leveza é importante, porque deixa seu time mais à vontade para acertar e errar até achar caminhos para evoluir. Só não pode deixar de lado a base sólida do negócio. Por isso, acrescento mais esta reflexão:

Você está se adequando às oportunidades do mercado, sem se esquecer do seu arroz com feijão?

SOBRE VERDADE

- Você está colocando seu coração no negócio ou o que mais importa é quanto vai lucrar?
- Ama de verdade o que está fazendo ou às vezes pensa que deveria estar em outra coisa?
- Vende seu produto de um jeito único, só seu, pondo amor no que faz?

Você já sabe que vendo o meu produto com uma verdade e um amor que contagiam a marca, que formam Chilli Lovers. Por isso, arriscaria perguntar ainda:

- Seu amor pelo seu produto e negócio está contagiando mais pessoas a também amarem seu produto e negócio?

SOBRE DISCIPLINA E EQUILÍBRIO

- Você está encerrando seus assuntos, sem deixar nada para trás?
- Quando vai embora para casa, deixa sua mesa de trabalho bagunçada?
- Tem exemplos de repetições do bem que está usando no dia a dia, coisas que sejam saudáveis e necessárias para seu negócio crescer?
- Você já achou elementos que quer repetir por serem saudáveis para o seu negócio?

Suas respostas para os cinco eixos evoluirão à medida que você adicionar disciplina com equilíbrio no dia a dia. Daí a importância de também refletir sobre como está usando esses dois *drives* e fazer atualizações.

REPETIÇÃO GERA EXCELÊNCIA

Recomendo voltar a essa seleção sempre que estiver com a sensação de estar se distanciando da sua verdade ou sempre que precisar atualizá-la. Repetição gera excelência. E como introduzi este livro avisando que ninguém faz nada sozinho, vou começando a me despedir do jeito que estou acostumado a fazer. Jogando simples e dizendo:

Obrigado pela sua entrega.

Eu não sei, vamos tentar descobrir.

Como posso ajudar?

Trabalho muito bom, parabéns!

Como nós podemos melhorar?

Você é essencial para a empresa.

Estamos juntos, fica tranquilo, fica tranquila.

© Marcelo Rossi

▲ Chilli Mob Cruise 2015.

CONCLUSÃO

NOSSA HISTÓRIA NÃO TEM FIM

ESTOU MUITO FELIZ E EMPOLGADO COM ESTE LIVRO, TAMBÉM muito grato pela sua confiança na minha verdade. Retribuo incentivando você a acreditar nos seus sonhos, porque são os sonhos que nos movem. Não é dinheiro, *cara*. São desejos, realizações, momentos felizes. Ver Chilli em qualquer lugar do mundo é meu sonho apimentado. E estamos chegando lá!

Faz parte do empreendedorismo encarar grandes montanhas. E você vai tirar os melhores caminhos delas, olhar os obstáculos como oportunidades para evoluir. O frio na barriga mesmo não vai acabar nunca. Tudo tem um lado positivo, mais produtivo, e o Brasil precisa de empreendedores que escolham ficar desse lado.

Empreender no Brasil é um ato de coragem, quase uma rebeldia. E quem chega lá tem muito mérito e também muito a comemorar.

Sou capaz de apostar que sua vontade de vencer é maior do que qualquer dificuldade que surgir. A hora de virar a chave do seu negócio é agora! Crise? Vamos pensar na nossa história. E fazer a nossa parte sendo líderes humanos, com times fortalecidos e entendendo que sucesso é construído a várias mãos, dia após dia. *Vambora!*

Chegamos à conclusão deste livro, mas não dessa história que estamos cocriando, da corrente de energia que formamos e que devemos passar adiante. Não tenho respostas para tudo, mas vou contar um último segredo da Chilli Beans: há uma força mística, cósmica, amorosa nos protegendo e nos orientando para que coisas boas aconteçam de maneira impressionante.

Para que você tenha uma noção, às vésperas de embarcarmos 5 mil pessoas no Chilli Mob Cruise 2023, a previsão do tempo era de ciclone. Porém, não caiu uma gota sequer sobre nossas cabeças naquele fim de semana tão especial. O comandante do navio me disse que parecia que, por onde passávamos, o céu ficava mais claro e depois voltava a ter nuvens carregadas, mandando chuva forte.

Vale a pena cultivar, sem preconceitos ou dogmas, a *sua* espiritualidade interior. Não é obrigatório, não é uma condição. Apenas digo, pela minha experiência com Deus, com essa força maior, que essa conexão espiritual ajuda em *tudo*, potencializando e complementando suas atitudes. Dá mais segurança para você tomar decisões e segurar as pressões, trazendo para perto o alcance dos seus objetivos.

Um beijo para você. Fique com Deus. Obrigado, obrigado, obrigado...

**EMPREENDER NO BRASIL
É UM ATO DE CORAGEM,
QUASE UMA REBELDIA.
E QUEM CHEGA LÁ
TEM MUITO MÉRITO
E TAMBÉM MUITO
A COMEMORAR.**

Este livro foi impresso pela Gráfica Rettec em papel lux cream 70 g/m² em fevereiro de 2024.